Bernd Hill

# BIONIK

## VON FLUGFRÜCHTEN ABGESCHAUT

Knabe Verlag Weimar

**BERND HILL** wurde 1947 geboren. Er studierte an der PH/Universität Erfurt im Schwerpunkt Polytechnik. 1987 promovierte er über Erfindungsmethodik, 1995 erfolgte seine Habilitation über Biostrategien und biologische Organisationsprinzipien an der Martin-Luther-Universität Halle.
Von 1998 bis 2012 lehrte Prof. Hill an der Universität Münster im Fachbereich Physik, Institut für Technik und ihre Didaktik.
In verschiedenen Unternehmen führt er Innovationskurse durch und bezieht die angewandte Bionik in systematische Produktentwicklungsprozesse ein. Seine Forschungstätigkeit bezieht sich auf Innovationsstrategien, technische Kreativität sowie systematische und angewandte Bionik.

**BILDNACHWEIS**

*Illustrationen* Prof. em. Dr. Bernd Hill
*Fotos* Seite 29: H Berends@www.sxc.hu; Seite 43: lockstockb@www.sxc.hu
*Alle hier nicht mit anderer Quelle benannten Fotos stammen vom Autor.*

1. Auflage März 2014


Trierer Straße 65 99423 Weimar



*Grafische Bearbeitung* Nicole Laka
*Satz und Layout* Nicole Laka
*Lektorat* Julia Roßberg
*Druck und Bindung* Jelgavas Tipografija SIA

Dieses Buch folgt den Regeln der neuen deutschen Rechtschreibung.

Printed in Latvia

ISBN 978-3-944575-31-5
www.knabe-verlag.de

# Inhaltsverzeichnis

## Alle Titel der Buchreihe (nach Erscheinen):

1. Die Natur als Ideenschmiede
2. Von Flugfrüchten abgeschaut
3. Leichtbau – Konstruktionsprinzipien der Natur abgeschaut
4. Riesenseerose und Kristallpalast
5. Schmetterlingen abgeschaut
6. Vom Fliegen
7. Schätze aus dem Tropenwald
8. Schwimmen und Tauchen
9. Wärmedämmung
10. Seil- & Netzkonstruktionen
11. Klimatisierung und Lüftung
12. Schönheit der Natur
13. Tarnen und Täuschen
14. Das 1 x 1 des Erfindens
15. Wettrüsten der Sinne
16. Werkzeuge der Natur
17. Verpacken
18. Roboter und Prothesen
19. Erfinden mit der Natur
20. Bionik in Wald und Flur

# VORWORT

## Lernen von der Natur

Mit dem zweiten Band „Flugfrüchte“ wird die neue Buchreihe unter dem Motto „Frag' die Natur“ fortgesetzt. Diese Reihe wendet sich an eine breite Leserschaft. Sie ist sowohl auf aktiven Wissenserwerb, als auch auf das eigenständige Forschen, Entdecken, Experimentieren und Erfinden ausgerichtet. Comics und Infoboxen lockern dabei die Wissensaneignung auf. Der Leser erfährt durch eigenes Handeln an interessanten Sachverhalten die Funktionalität, Vielfalt, Effizienz und Schönheit der Natur und ihre Nutzung. Die Texte enden nicht mit der Aufnahme erklärenden Wissens, sondern machen neugierig und fordern zum Hinterfragen, Beobachten, Forschen, Modellieren, Experimentieren und Konstruieren auf. Anschaulich werden Methoden des Problemerkennens und -lösens dargestellt, damit eigenes Entdecken und Erfinden möglich wird und so Freiräume für Kreativität geschaffen werden.

Damit erschließt sich in persönlicher Weise die faszinierende Welt der Naturphänomene und ihre Nutzung.

Die Bände enthalten:

- Sachinformationen über interessante und erstaunliche biologische und technische Phänomene,
- Abenteuer des Entdeckens und Erfindens in Form von Bildergeschichten,

- Denk- und Arbeitsweisen von Entdecker- und Erfinderpersönlichkeiten,
- nützliche Methoden zur individuellen Erschließung von Natur und Technik,
- und spannende Experimente zur Erkenntnisgewinnung und Selbstbau-Anleitungen zur praktischen Erprobung.

Im fortlaufenden Text dienen folgende Symbole zur Orientierung:

| | |
|---|---|
| **Infobox zur Begriffserläuterung** | **Modelle** |
| **Methoden zur Erkenntnisgewinnung und -umsetzung** | **Experimente** |

*Viel Spaß beim Lesen,*
*Forschen und Experimentieren.*

# 1 EINLEITUNG

Jeder kennt die Pusteblume, den Löwenzahn, und erfreut sich daran, die Früchte weg zu blasen. Dabei ist es ein Erlebnis zu sehen, wie der Wind lautlos die fein gestaltete, fast zerbrechlich wirkende Frucht davon trägt. Ein Wunder! Nur selten jedoch nehmen wir die Frucht in ihrer Ganzheit wahr, sehen nicht die filigrane Konstruktion des Schirmchens und das mit vielen kleinen Widerhäkchen besetzte Samenkorn.

Wir sagen fast ausnahmslos, dass die Früchte ausgefallen sind und entdecken kaum die Wunder des stabilen Schwebefluges. Oft bleiben uns die erstaunlichen und originellen „Erfindungen" der Natur verborgen, weil wir sie nur unzureichend wahrnehmen. Wir können aber der Natur so manch Interessantes abschauen, von all ihren Erfindungen, die sie im Laufe von Jahrmillionen währenden Entwicklungsprozessen hervor gebracht hat.

Die lebende Natur ist eine unerschöpfliche Quelle für technische Erfindungen und andere Problemlösungen. Von unserer Aufnahmebereitschaft

Löwenzahn und seine Fallschirmfrüchte

und Kreativität hängt es ab, ob wir Anregungen für Lösungen finden, die wir brauchen.

Schon bei einem Spaziergang kann die Natur zahlreiche Vorbilder für Lösungsmöglichkeiten zur Auswahl bieten. Zielgerichtete Streifzüge und Exkursionen in der Natur eröffnen neue Perspektiven in Bezug auf ein zu lösendes Problem und begünstigen die Erzeugung von Lösungsideen, auf die wir zu Hause oder am Arbeitsplatz nie kommen würden.

Mit Flugsamen und -früchten können allerlei aufschlussreiche Experimente durchgeführt werden, um die Prinzipien des Gleit-, Schrauben- und Schirmfluges zu verstehen. Faszinierend ist es auch, von den verschiedenen Flugsamen und -früchten funktionsfähige Flugmodelle abzuleiten. Dabei fördert das Basteln handwerkliches Geschick im Umgang mit Werkzeugen und den unterschiedlichen Materialien. Hierbei sind der Fantasie und kreativen Neugier keinerlei Grenzen gesetzt. So besteht beispielsweise die Möglichkeit, Flugsamen und -früchte mit den verschiedensten Materialien nachzubauen oder neuartige Flugmodelle zu erfinden. Die Freude und der Stolz an selbst entwickelten und selbst hergestellten Flugmodellen, die auch richtig funktionieren, können zu einer Quelle weiterer eigener Entdeckungen und Erfindungen führen.

Die Baupläne der Natur in Form von Konstruktionen zu Flugsamen und -früchten dienen so als Denkanregung für die Entwicklung neuer Formen und Modelle. Untersuchungen des Aufbaus und der Funktion von Windverbreitungskonstruktionen können die eigenen gestalterischen Fähigkeiten und Fertigkeiten beflügeln und dazu verhelfen, tiefer in die Grundlagen des Fliegens einzudringen. Vielleicht werden auch durch die Untersuchung von pflanzlichen Flugobjekten gänzlich ausgefallene Ideen für Neukonstruktionen entstehen?

Das Buch zeigt u. a., wie durch die systematische und zielgerichtete Nutzung von Entdeckungs- und Erfindungsmethoden die Kreativität bei der Entwicklung von Flugobjekten nach Naturvorbildern entfaltet und sogar gesteigert werden kann. Begeben wir uns auf die Suche nach dem immer wieder aufs Neue faszinierenden und spannenden Abenteuer des Fliegens und lernen bewusst vom „Einfallsreichtum" und „Know-how" der lebenden Natur.

# 2 VON SAMEN UND FRÜCHTEN LERNEN

## Transport durch den Wind

Jeden Frühling bedeckt ein Meer goldgelber Löwenzahnblüten die sattgrünen Wiesen, die später ihre Samen mit Fallschirmen durch den Wind auf die Reise schicken. Auf dem Fruchtboden einer Löwenzahnpflanze können bis zu 400 Schirmflieger Platz haben. Macht man sich die Mühe und zählt die Anzahl der Haare eines Schirmfliegers, so gelangt man auf eine solche von 120.

Mit Löwenzahnfrüchten wurden interessante Flugversuche durchgeführt. Man hat dabei festgestellt, dass ein Schirmflieger etwa 5 Kilometer weit fliegt. Von 100 Schirmfliegern flog einer 10 Kilometer und von 1.000 einer 13 Kilometer weit. 10.000 Schirmflieger mussten jedoch gestartet werden, um einen mit einer Flugweite von mehr als 18 Kilometer zu finden. Durch die Windverbreitung, weit von der Mutterpflanze entfernt, werden viele Nachkommen auf die Reise geschickt. So kann das Überleben der Art gesichert und dabei Konkurrenz um Nahrung und Raum vermieden werden. In der Natur sind viele unterschiedliche Lösungen für das Problem der Oberflächenvergrößerung zur Erhöhung des Luftwiderstandes zu finden. Dieses, im Laufe der Evolution bewährte Konstruktionsprinzip, wird in einer riesengroßen Anzahl von Lösungsvarianten erprobt. So gibt es Varianten wie, Flügel, Schirme, Haarfortsätze und auch Ballone.

Interessant sind auch die Schirmflieger des Weidenröschens. Bevor sie vom Wind fort getragen werden, befinden sie sich in einer etwa 7 Zentimeter großen,

schotenförmigen Samenkapsel. Bis zu 200 Schirmchen mit ihren Samen sind darin enthalten.

Wir sind fasziniert, wie sie trotz ihres feingliedrigen und zarten Aufbaus einen stabilen Schwebeflug ausführen. Auch die Schraubenflieger des Ahorns und die der Esche sowie die Gleitflieger von Birke, Erle und Ulme faszinieren durch ihre hervorragenden Flugeigenschaften.

Die Natur zeigt zur Verbreitung von Samen und Früchten enorme Leistungsfähigkeit. Mit Staunen erfahren wir, dass solche Leichtgewichte wie Körnchenflieger, die weder Flügel noch Haare aufweisen, vom Wind viele Kilometer transportiert werden. Ihre Chance, möglichst weit vom Wind mitgenommen zu werden, wird durch den geringen Umfang und das geringe Gewicht erreicht. Rekordhalter unter den Körnchenfliegern ist das Sumpfherzblatt, dessen Samen 0,0003 Gramm wiegt. Blasenflieger, die von einer ballonartigen Hülle umgeben sind, können 100 Kilometer und mehr durch die Luft bewegt werden. Ein Vertreter der Blasenflieger ist die Große Händelwurz mit einem Gewicht von nur 0,000008 Gramm. Ist es nicht auch wie ein Wunder, dass 2.000 Birkensamen gerade mal ein Gramm wiegen?

Die Sehnsucht des Menschen, die Lüfte zu erobern, führte bei dem Universalgenie Leonardo da Vinci im 15. Jahrhundert zur Konstruktion unterschiedlicher Flugapparate.

Flugfrüchte und im Wind gleitende Blätter regten ihn zur Skizzierung von Gleitflugapparaten, Fallschirmen und sogar zu Hubschraubern an. Wer hätte je gedacht, dass Leonardo da Vinci schon vor 500 Jahren solche technischen Wunderwerke entwarf? Er war der festen Überzeugung, „dass der Mensch mit seinen Vorrichtungen und großen Flügeln, indem er gegen den Luftwiderstand anarbeitet, sieghaft seiner Herr werden und sich sicher in die Luft erheben wird.“ Mit dieser Begeisterung begann Leonardo mit Naturstudien. Zielgerichtet und systematisch nutzte er die lebende Natur, um Anregungen für die Lösung von

**Leonardos Skizzen mit Naturstudien und davon abgeleitete Flugapparate**

Flugproblemen zu finden. Die Natur war für ihn stets Vorbild, wie es auch seine künstlerischen Studien beweisen. Ausgangspunkt war zunächst die Beobachtung von Flugfrüchten und Blättern. Er untersuchte deren Aufbau, experimentierte und gelangte zu prinzipiellen physikalischen Erscheinungen. Er fertigte Zeichnungen von seinen Fluggeräten an. Für das Experimentieren baute er mit Ausdauer und Beharrlichkeit Messgeräte für das Ermitteln von Windstärke und Windrichtung. Bei seinen Experimenten erkannte Leonardo gleiche Strömungsgesetzmäßigkeiten bei Wasser und Wind. In diesem Zusammenhang formulierte er: „Die Wissenschaft der Winde erkennen wir an Hand der Bewegungen des Wassers, und eine solche Wissenschaft gibt uns den Maßstab für das Verhalten von Flugkörpern in Luft und Wind."

Leonardo stellte fest, dass Winde, nach Art der Strömungen in den Flüssen, Strudel und Wirbel bilden. Sie haben daher gleiche dynamische Gesetzmäßigkeiten, deren Kenntnis die wahre Beherrschung der Luft ermöglicht. Fallschirm, Helikopter und Gleitflugzeug sind daher einige von vielen Ergebnissen seines tiefen Naturverständnisses und seiner ausgeprägten Erfindungsgabe.

# Die Erfindung des Fallschirmes

Im Jahre 1495 erfand Leonardo den Fallschirm. Leonardo hielt sich zu dieser Zeit in Florenz auf. Man hatte ihn als Berater für den Bau des großen Versammlungssaales im Palazzo Vecchio herangezogen. Nebenbei beschäftigte sich der wissbegierige Leonardo mit der Erfindung einer technischen Lösung zum Absprung aus größeren Höhen, ohne dabei Knochenbrüche und andere Verletzungen zu erleiden.
Die Frage, wie man von Gebäuden springen kann, ohne sich zu verletzen, erforderte ein wirksames technisches Gerät.
Aber wie sollte es aussehen und funktionieren?

Dieses Problem müsste sich doch auf irgend eine Art lösen lassen. Leonardo überlegte ...

Leonardo fragte sich, ob es ähnliche Lösungen gibt, bei denen Gegenstände aus Höhen ohne Schaden unten angelangten. Er orientierte sich dabei an den Lösungen aus der Natur, wie die Fallschirmfrüchte des Löwenzahns, solche von Disteln und gleitenden Blättern im Wind.

Leonardo zeichnete und beschrieb deren Aufbau. Dabei erkannte er, das Prinzip des langsamen Sinkens durch den Luftwiderstand. „Eine größere Fläche erzeugt genügend Luftwiderstand, um langsam zu Boden zu sinken ...“ Vom Haarschirm der Löwenzahnfrucht leitete er entsprechende Lösungen ab und beschrieb ihre Wirkung im Luftstrom.

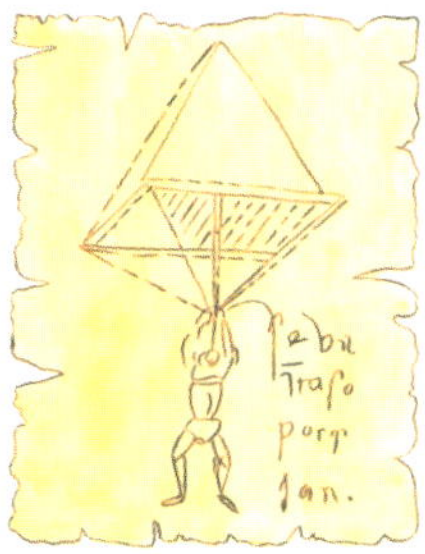

Vom Bild der Löwenzahnfrucht entstand so durch Veränderung ihrer Merkmale die Lösung des Fallschirms.

Leonardo fertigte aus Pergament kleinere Modelle an und überprüfte deren Verhalten beim Sinken.

Den Fallschirm soll Leonardo durch die Beobachtung der in der Luft sanft zu Boden schwebenden Löwenzahnfrucht entwickelt haben. Er wollte damit das Problem lösen, wie ein Mensch einen Sturz aus einer Höhe überleben könnte. Durch Untersuchung des Fruchtaufbaus und durch Experimentieren erkannte er die Funktion der einzelnen Teile, auch Elemente genannt.

Dabei kopierte Leonardo nicht die Löwenzahnfrucht, sondern setzte das ihr zugrunde liegende Prinzip in diejenigen Größenverhältnisse und Materialien um, damit ein Mensch gefahrlos zu Boden sinken konnte. Sein Fallschirm hatte die Gestalt einer Pyramide.

So folgerte er: „Wenn ein Mensch einen Pavillon [gemeint ist hier: Fallschirm] aus dichter Leinwand hat, 12 Ellen breit und 12 hoch, wird er sich aus jeder Höhe herunter werfen können, ohne Schaden zu nehmen."

**Elle**

**Die Elle ist eine alte Längenmaßeinheit. Sie wurde ursprünglich von der Länge des Unterarmes abgeleitet. Damit ist der Abstand zwischen Ellbogen und Mittelfingerspitze eines ausgewachsenen mittelgroßen Mannes gemeint. Die Elle hat eine Länge von etwas über einen halben Meter.**

In der Fallschirmspitze brachte er eine nach unten führende Stange an, um die Stabilität des Schirmes zu erhöhen und die Halteleinen zu befestigen.

Um 1500 entwarf Leonardo auch einen Helikopter. Dieser Flugapparat bestand aus einer spiralförmigen Luftschraube, die sich durch Ziehen von Schnüren bewegen ließ. Angeblich hatten ihn die spiralförmigen Früchte des Schneckenklees dazu angeregt. Das Spiralschraubenprinzip entwickelte schon Archimedes von Syrakus (285–212 v. Chr.), ein griechischer Gelehrter und Erfinder. Er erfand eine technische Lösung zur Bewässerung von Feldern mit Hilfe einer Wasserschnecke, die auch „Archimedische Schraube" genannt wurde.

Leonardos Helikopter drehte sich mit der Spiralschraube in die Luft hinein, ähnlich wie eine Schraube immer tiefer in das Holz eindringt. Diese Schraube wurde mit einer Schnur in schnelle Bewegung versetzt, so dass sie wie ein horizontal positionierter Propeller in die Luft ging. Die Spiralschraube hatte einen

## Vom Schneckenklee zum Hubschrauber

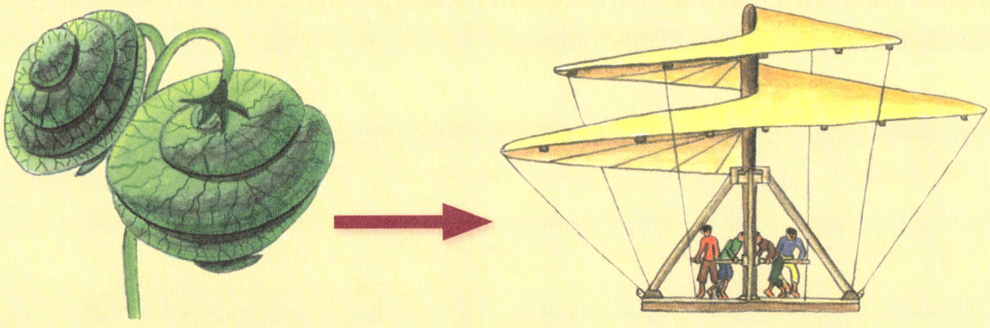

Flugfrucht des Schneckenklees

Luftschrauber

Radius von 4,80 Metern, war mit Leinentuch bespannt und besaß einen metallverstärkten Rand zur Stabilisierung.

Leonardo beschrieb sie so: „Wenn dieses schraubenförmige Instrument gut gemacht ist, nämlich aus Leinwand, deren Poren mit Stärkekleister gedichtet sind, und wenn es dann schnell gedreht wird, so wird diese Schraube sich in der Luft empor schrauben und aufsteigen."

Da Leonardo sich auch mit den Strömungseigenschaften des Wassers befasste und von der Archimedischen Schraube wusste, könnte er deren Aufbau auch mit in die Vorüberlegungen einbezogen haben. Die Ähnlichkeiten in der konstruktiven

### i Luftwiderstand

**Eine der Bewegungsrichtung entgegen wirkende Kraft, die von der Geschwindigkeit des bewegten Körpers, seiner Gestalt und Oberflächenbeschaffenheit abhängt.**

**Je schneller der Radfahrer fährt, umso höher ist der Luftwiderstand.**

Gestalt von Schneckenklee, Archimedischer Schraube und Helikopter sprechen für sich. Beim Entwurf des Gleitflugzeuges ist jedoch sicher, dass Leonardo Studien an Blättern im Gleitflug durchführte. Prinzipielle Gleitflugversuche stellte er dazu mit Papierbögen an. Leonardo wurde dadurch klar, dass der Luftwiderstand von der Größe der angeströmten Fläche abhing.

## Leonardos Denk- und Handlungsprozess

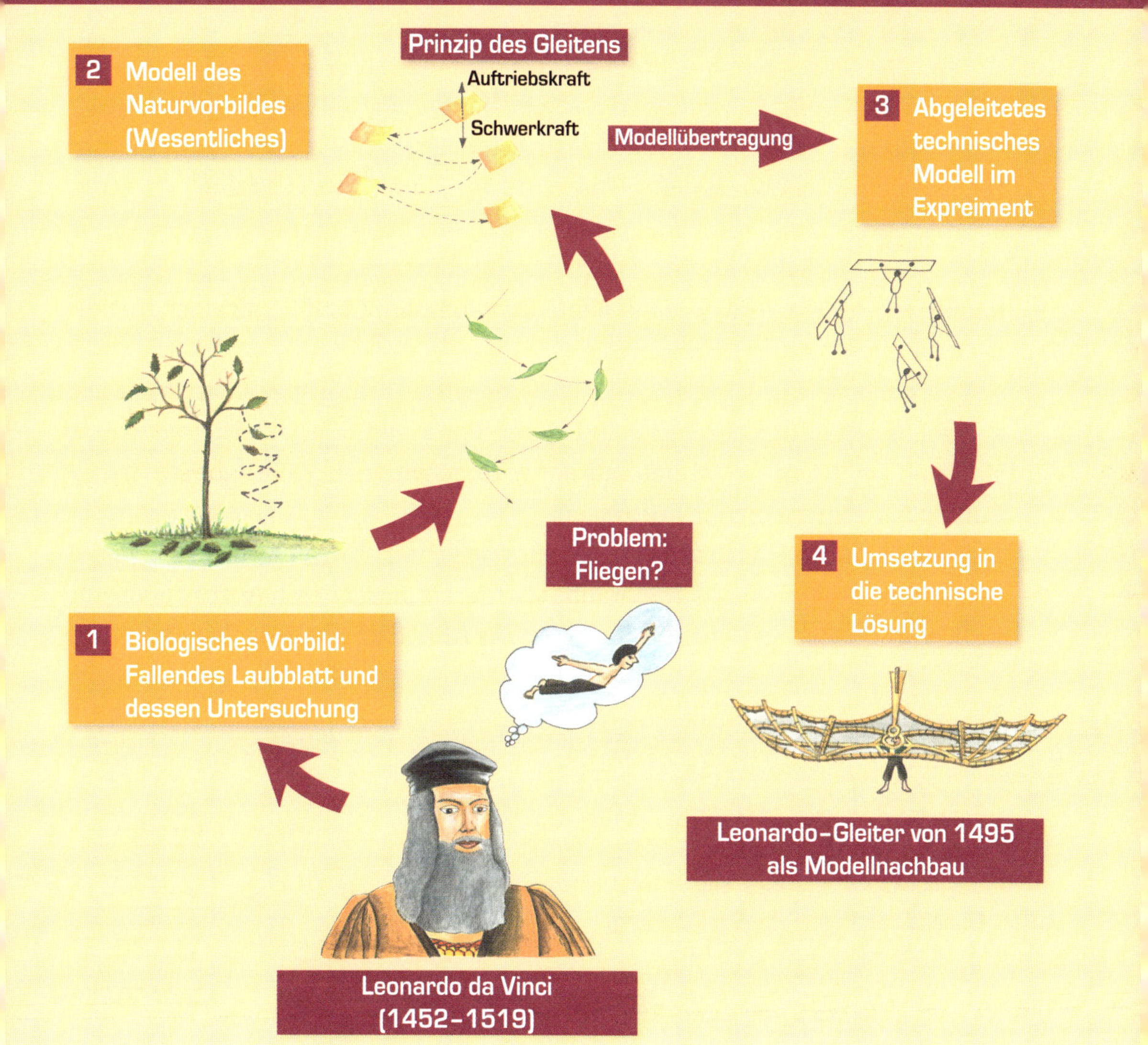

Für sein Gleitflugzeug existiert jedoch keine Zeichnung, aber in seinen Abhandlungen eine genaue Beschreibung. Als Herstellungsmaterialien sollten Bambusrohr und Leinwand verwendet werden. Unter den mit einer Spannweite von 10 Meter großen Flügel wurde ein Rohr hängend angebracht, in dem der Luftschiffer liegend Platz haben sollte. Leonardo erkannte außerdem, dass bei der Konstruktion des Fluggerätes der Luftwiderstand gering gehalten und bei der von Fallschirmen dagegen möglichst groß sein muss, um langsam zu sinken.

Leonardo war durch seine Erfindungen und Entdeckungen seiner Zeit weit voraus.

Seine Denk- und Handlungsweise ist für das bionische Vorgehen typisch: Vom Vorbild der Natur zum Prinzip und von da aus zur technischen Lösung.

Leonardo drang durch seine Forschungen, gepaart mit wissenschaftlicher Neugier in die Geheimnisse der Natur und des Fliegens ein. Es gelang ihm aber in seiner Zeit nicht, daraus eine umfassende Theorie zu entwickeln.

In unserer Zeit wurden einige Flugapparate von da Vinci nach seinen Vorlagen nachgebaut. Einige funktionierten, andere wiederum nicht.

## Prinzip des Strömungsprofils

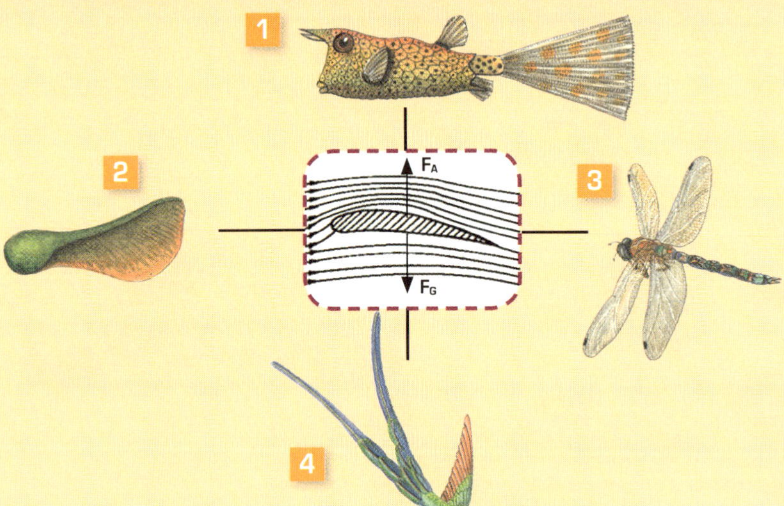


Prinzip des Strömungsprofils im Querschnitt der Brustflosse des Kofferfisches 1, des Flügels der Ahornfrucht 2 sowie des Libellen- 3 und Kolibriflügels 4.
$F_A$ Auftriebskraft
$F_G$ Gewichtskraft

## Auftrieb

**Als Auftrieb wird allgemein das Emporsteigen eines Körpers entgegen der Schwerkraft durch Druckunterschiede an seiner Ober- und Unterseite bezeichnet. So herrscht infolge der hohen Strömungsgeschwindigkeit an der Oberseite des Flügels ein Unterdruck (Sog) und an der Unterseite ein Überdruck. Diese Druckunterschiede ergeben den Auftrieb $F_A$.**

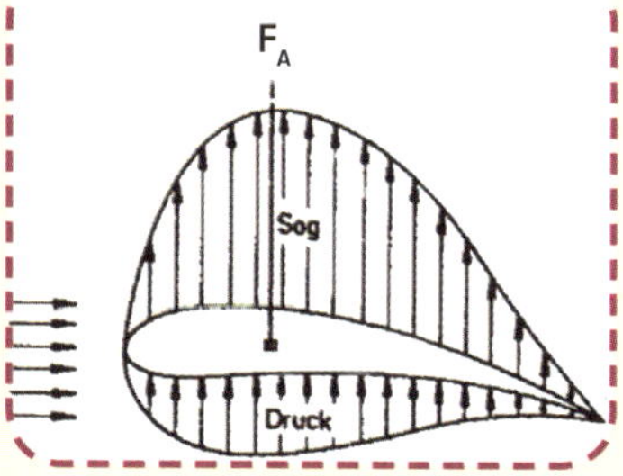


Viele Probleme, an denen Flugzeugkonstrukteure und Ingenieure heute arbeiten und nach Lösungen suchen, hat die Natur längst mit Erfolg auf ihre Weise gelöst. Als der menschliche Erfindergeist Gleitflugzeuge und Hubschrauber entwickelte und baute, existierten diese schon seit Jahrmillionen in Form von Flugsamen und Flugfrüchten in der Natur.

In den Forschungs- und Entwicklungsabteilungen der Flugzeugindustrie könnte eine Menge Entwicklungsaufwand gespart werden, würden die Konstrukteure und Ingenieure die lebende Natur noch systematischer und zielgerichteter als Ideenquelle nutzen.

Sie können dabei von der Tatsache ausgehen, dass trotz unterschiedlicher Größenverhältnisse und Materialien in Natur und Technik, doch die gleichen Kräfte wirken. Dadurch ist es nicht verwunderlich, dass unterschiedliche Arten von Tieren und Pflanzen einen ähnlichen Aufbau aufweisen. So finden wir beispielsweise an Flossen und Flügeln, zur Fortbewegung in den Bereichen Wasser und Luft, eine verdickte Vorderkante, die das Querschnittsprofil bildet. Sie ist bei der Frucht des Löwenzahns, beim Vogelflügel, bei den meisten Insektenflügeln und sogar in den Brustflossen von Fischen und Meeressäugern vorhanden.

Alle diese Lebewesen können dadurch den Auftrieb in der Luft und im Wasser positiv beeinflussen, um die Wirkung der Schwerkraft zu überwinden. Beim Insektenflügel, der eigentlich eben ist, wird das Profil durch die Flügelfaltung in Längsrichtung und die anströmende Luft gebildet. Die Luft erzeugt in den Faltentälern des Flügels so genannte Wirbelwalzen, die das Flügelprofil bilden.

## SUPER-GLEITER ZANONIA-SAMEN

Im Reich der Pflanzen gibt es ein besonders interessantes Vorbild für Gleit- und Segelflugzeuge – der Flugsamen eines Kletterstrauches. Der Zanonia-Samen ist ein idealer Nurflügler. Die zu transportierende Last, das Samenkorn, ist vollständig in den Flügel eingebettet. Der Samen stammt von einer im südostasiatischen Raum beheimateten tropischen Pflanze, einem kletternden Kürbisgewächs. Diese Pflanze bildet keinen eigenen Stamm, sondern wächst wie Efeu an hohen Bäumen empor.

Der Kletterstrauch bringt Fruchtkapseln hervor, in denen die Samen dicht gepackt gespeichert sind. Im Reifezustand öffnet sich diese Kapsel und der Wind trägt die Samen weit fort.

Die hervorragenden Flugeigenschaften dieses natürlichen Supergleitfliegers ließen die Flugpioniere vor Neid erblassen. Als echter Nurflügler hat er eine Spannweite von 12 bis zu 18 Zentimetern. Der Samen ist symmetrisch aufgebaut, der Schwerpunkt liegt in der Mitte, nahe der Vorderkante. Der Flügel besitzt eine Pfeilform, wobei sich die Flügeltiefe zu den Rändern hin verringert. Der

**Zanonia-Kletterpflanze mit Fruchtkapseln und Samen**

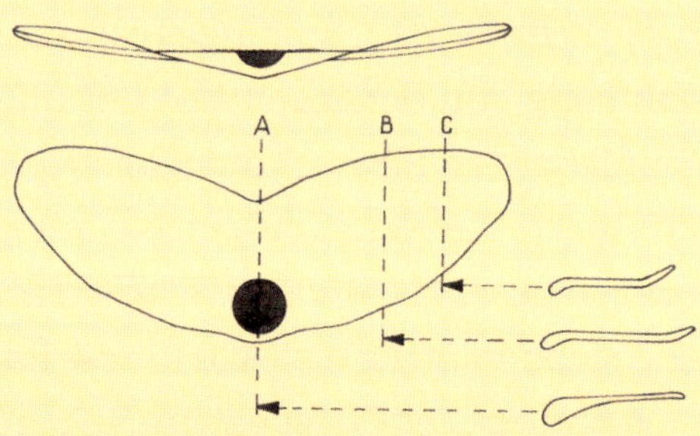


Profilbildung am Zanonia-Flügel (A, B und C-Flügelquerschnitte)

**Profil**

**Als Profil bezeichnet man die Form des Querschnittes eines Körpers senkrecht zur Strömungsrichtung. Die Profilform hat bedeutenden Einfluss auf die Flugeigenschaften. Sie ist nach oben gewölbt und vorn meist dicker und hinten spitz auslaufend dünner gewölbt. Man nennt es ein asymmetrisches Profil.**

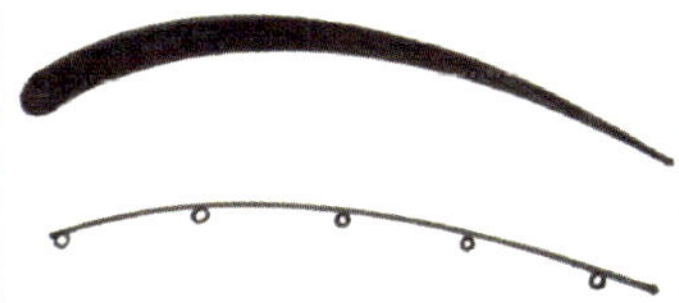

**Profil eines Storchenflügels und eines Lilienthalgleiters (1895)**

Samen ist autostabil, das bedeutet, dass er sich im Flug durch seine Gestalt selbst stabilisiert.

Er hat eine Masse von ca. 170 bis 180 Milligramm und der Flügel eine solche von 30 Milligramm.

In der Flügelmitte ist der Auftrieb, die nach oben gerichtete Kraft, durch das tropfenähnliche Profil am größten.

Der sogenannte S-Schlag und die Pfeilform geben die für den Flug notwendige Stabilität. Übrigens sind sogar bei Windstille von einer 30-Meter Baumhöhe Flugweiten von etwa 300 Metern durchaus möglich.

Durch die große Flügelfläche und seine günstige Formgebung erreicht der natürliche Nurflügler lange Fallzeiten und Flugstrecken. Diese sind wiederum abhängig von der Starthöhe des Flugobjektes. Verschiedene Gleitflieger von Flugfrüchten können aus gleicher Höhe auch unterschiedlich weit gleiten. Zu ihrem Vergleich haben Aerodynamiker, also Fachleute, die sich mit dem Fliegen beschäftigen, den Begriff der Gleitzahl eingeführt. Sie wird als Quotient angegeben und ist ein Maß für die Fähigkeit zum Gleiten. Zu den Bedingungen eines guten Gleitfluges gehören ein geringes Gewicht, eine möglichst große und gewölbte Flügelfläche, ein kleiner Gleitwinkel und eine strömungsgünstige Gestalt. Die Gleitzahl des Zanonia-Samens beträgt also 1:10.

Wegen des stabilen Gleitfluges und des geringen Gleitwinkels diente der Zanonia-Samen in der Pionierzeit des Segelfluges als Vorbild für Nurflügler und andere Flugzeuge.

## Gleitzahl

**Vereinfacht gibt sie als Gütekriterium eines Flugobjektes die überflogene Entfernung (waagerechte Richtung) bei einem Start aus 1 Meter Höhe an. Sie wird also durch das Verhältnis von Starthöhe zu überflogener Entfernung bestimmt.**

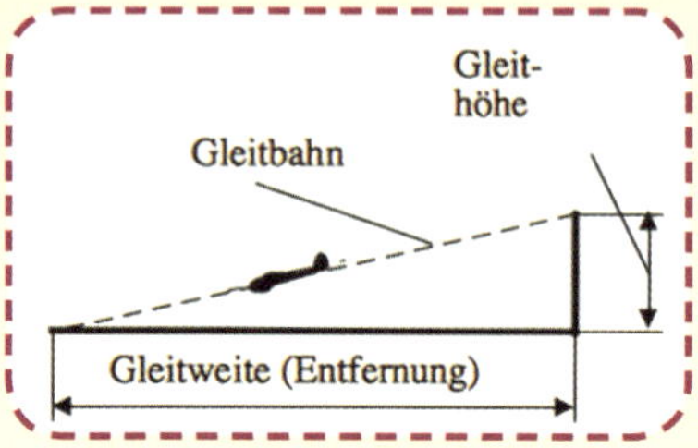


$$\text{Gleitzahl} = \frac{\text{Starthöhe}}{\text{Flug- oder Gleitweite}}$$

Als erster orientierte sich der Österreicher Igo Etrich am Aufbau des Zanonia-Samens. Eine Beobachtung des Hamburger Professors Friedrich Ahlborn wies Etrich den Weg. Ahlborn untersuchte während eines Forschungsaufenthaltes den stabilen Flug des Samens und war über seine hervorragenden Flugeigenschaften erstaunt. 1897 veröffentlichte er seine Forschungsergebnisse in einer

## Vom Zanonia-Samen zu den Nurflüglern

Geflügelter Zanonia-Samen (Macrozanonia macrocarpa)

Nurflügel-Gleitapparat von Etrich und Wels (1904)

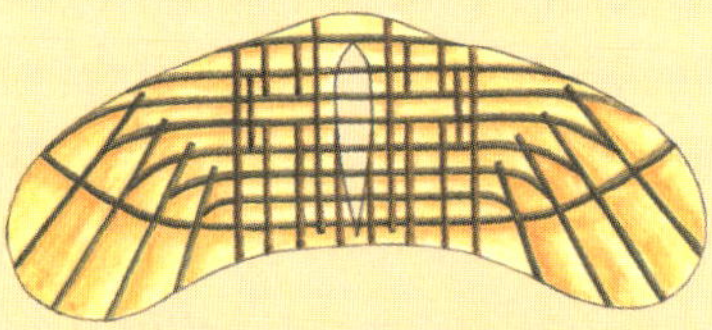

Etrich-Gleitflieger (1908/09)

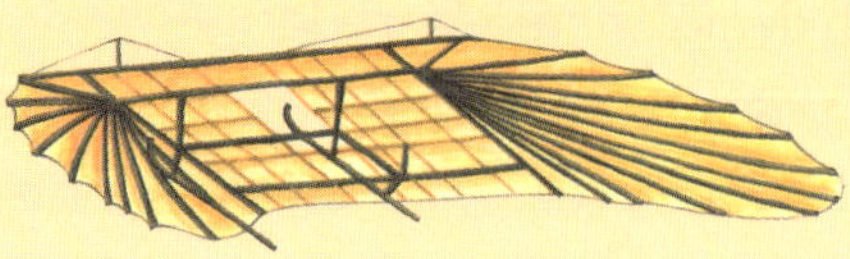

## Etrich-Taube von 1910 und ihre natürlichen Vorbilder

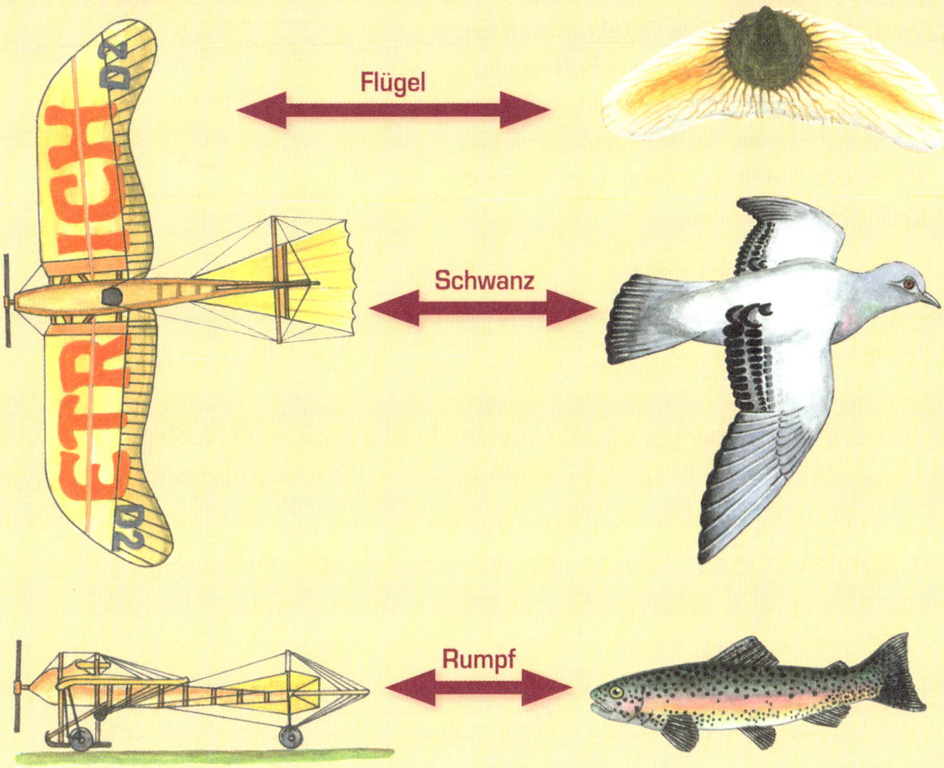


Broschüre mit dem Titel: „Über die Stabilität der Flugapparate“. Zum Zanonia-Samen schrieb er: „Erstaunlich ist, mit welcher Präzision sie [die Samen] ihre normale Gleichgewichtslage einnehmen, wenn sie aus einer verkehrten Lage zum Flug los gelassen werden.“ Ahlborn glaubte, dass die Ursache der Flugstabilität im S-Schlag des Flügelprofils liegt. Vorher hatte Ahlborn auch Otto Lilienthal, den bekannten Flugpionier, auf diese Erscheinung aufmerksam gemacht. Die Schrift bekam auch Igo Etrich in die Hand. Zusammen mit seinem Assistenten Franz Wels erfolgten die Konstruktion und der Bau von Nurflügel-Gleitflugzeugen nach dem Zanonia-Vorbild.

Zunächst untersuchten Etrich und Wels einige von Ahlborn erhaltene Samen. Sie erkannten, dass das Stabilisationsprinzip des Zanonia-Samens auf der von den Tragflächen abfließenden Luftströmung bestand. Dadurch wurde der geflügelte

## Die Wirkung der V-Form

**Modell: Flügel in V-Form**

**Wie kann Flugstabilität erreicht werden?**

**Benötigtes Material:**

- **2 Postkarten**

**Modellherstellung:**

**Eine der beiden Postkarten in der Mitte knicken, sodass eine von vorn gesehene V-Form entsteht.**

## Welche der beiden Postkarten-Flügelmodelle hat die größte Flugstabilität?

**Durchführung:**

**Nacheinander beide Modelle aus gleicher Höhe fallen lassen und die Flugbahn beobachten.**

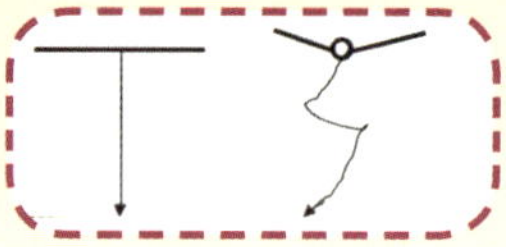

Samen automatisch in seiner horizontalen Lage gehalten. Etrich und Wels stellten fest, dass die Natur nur für die Verwirklichung ihrer Lebensfunktionen optimale Lösungen erzielen kann und nur die Prinzipien in die Technik zu übertragen sind, aber nicht die Naturlösungen selbst. Daher studierten sie gründlich den Aufbau des Zanonia-Samens, untersuchten im Experiment dessen Flugverhalten und erschlossen das ihm zugrunde liegende Prinzip. Danach fertigten sie kleine Papiermodelle an und veränderten deren Merkmale. Dabei wölbten sie die Tragflächenenden nach oben. Das führte zur V-Stellung, die ja eine ausgewogene Flugstabilität ermöglichte.

Die hintere Fläche bog man bei den Modellen nach oben und die vordere nach unten, sodass die hintere größer als die vordere war. Von der Seite gesehen, ergab sich so der S-Schlag. Erst als die Modelle zur Zufriedenheit funktionierten, wandten sie sich dem Bau des Nurflügel-Gleitflugzeuges zu. Später entwickelte Etrich diese Konstruktion weiter, die ihren Niederschlag in der sogenannten „Etrich-Taube" fand.

Hier wird wieder die für die Bionik typische Vorgehensweise deutlich: Vorbild der Natur-Prinzip-Technische Lösung. Wie wir bereits erfuhren, ist Bionik eine Wortschöpfung aus Biologie und Technik, die das Lernen von der Natur für die Technik beinhaltet. Die „Etrich-Taube“ wurde in der damals typischen Holzbauweise gefertigt. Sie hatte eine Spannweite von 14,40 Metern und eine Länge von 7,80 Metern. Sie besaß keine Querruder und Flügelklappen, der Pilot lenkte sie durch Flügelverwindungen über Rollen und Seile. Ausgerüstet war dieser Flieger mit einem 76 PS starken Mercedes-Motor. Hier erzeugte die spezielle Bauweise der Tragflächen nach dem Vorbild des Zanonia-Samens die ausgezeichnete Flugstabilität. Übrigens wurde die „Etrich-Taube“ als eines der meistverwendeten Flugzeuge für Aufklärungs- und Ausbildungszwecke auch in Thüringen, in der Gothaer Waggonfabrik, gefertigt. Dass gerade der Zanonia-Samen noch einige Zeit die Entwicklung der Flügelformen von Flugzeugen bestimmte, zeigt ein Militärdoppeldecker aus dem Jahre 1912.

Militärflugzeug „Albatros“ von 1912 als Doppeldecker mit Flüglen in Zanonia-Form

Ein weiterer Entwickler der Nurflügel-Flugzeuge war Heinrich Focke, der zusammen mit Georg Wulf im Jahre 1912 die A IV baute. Bei diesem Motorflugzeug orientierte sich Focke wie seine Vorgänger an der Flügelform des Zanonia-Samens. Auch er war von den erstaunlichen Flugeigenschaften dieses Samens begeistert.

Focke folgerte: „Bildet man nun den Flügel so aus, wie die des Zanoniasamens, kann die Abkippgefahr beseitigt werden. Die Wölbung des Flügelprofils nimmt von der Mitte nach außen hin ab. Wird die Fluggeschwindigkeit zu gering, so reißt die Strömung zunächst in der Flügelmitte ab. Das Flugzeug wird zwar durchsacken, aber es bleibt durch die gesunde Strömung [gemeint ist wirbelfreie, reibungsarme Strömung, auch Laminarströmung genannt] an den äußeren Flügelenden mit Hilfe der dort befindlichen Querruder um die Längsachse steuerbar ...“

Dieser entscheidende Nachteil des Strömungsabrisses wurde mit der FW-19, ein Flugzeug nach Entenbauart, behoben. Weitere bedeutende Nurflügelpioniere

## Laminare und turbulente Strömung

**Laminare Strömung**

Stromlinien verlaufen parallel geordnet.

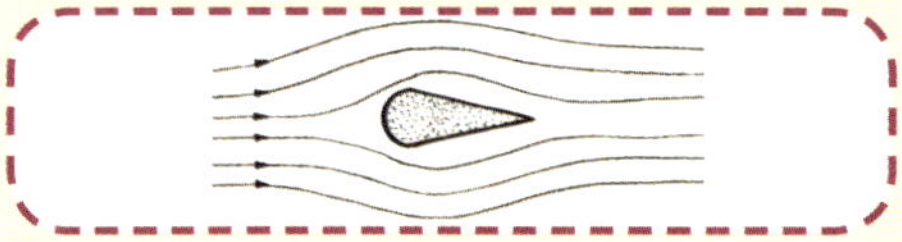

**Turbulente Strömung**

Stromlinien verlaufen durcheinander ungeordnet und bilden Wirbel.

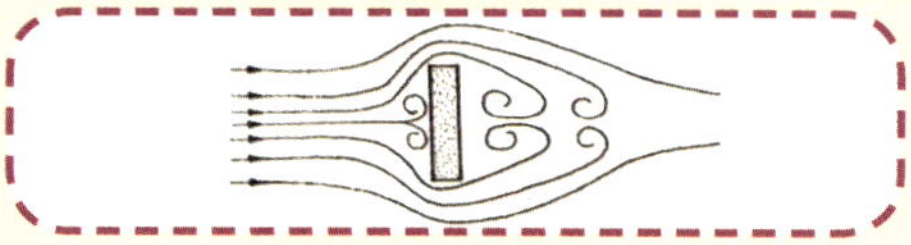

waren Alexander Soldenhoff und Alexander Lippisch. Soldenhoff entwickelte einen Nurflügler mit dem Namen A1, der 1927 seinen Erstflug hatte. Lippisch entwarf 1930 die Delta 1 und war während des Zweiten Weltkrieges für das Design des schwanzlosen Raketenjagdflugzeuges Messerschmidt 163 mit dem Namen „Komet“ verantwortlich. Schließlich sind auch die Brüder Reimar und Walter Horten zu nennen, welche die Idee des Nurflüglers am weitesten entwickelt haben. Durch ihre Konstruktionen bewiesen sie, dass derartige Flugzeuge eine wie der Zanonia-Samen hervorragende Steuerbarkeit und Flugstabilität

## Der Nurflügel Ho 229

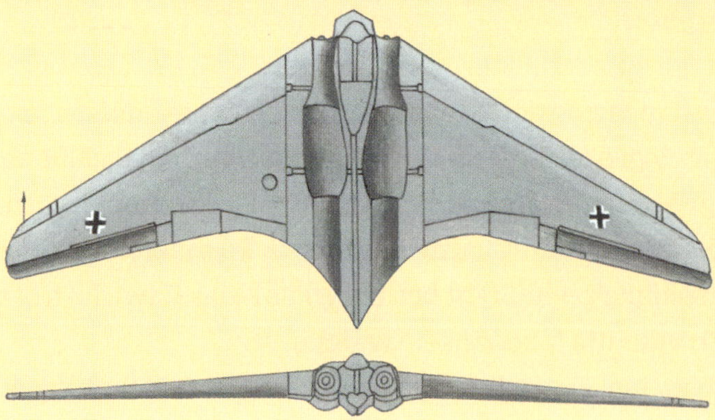

Der Nurflügel Ho 229, auch Go 229 genannt. Go steht für die Thüringer Stadt Gotha. Hier wurde dieser Nurflügel in der Gothaer Waggonfabrik GWF bis 1945 fast vollständig fertig gestellt.

besaßen. Ihr erster manntragender Nurflügelsegler war die H1 mit 12 Meter Spannweite, die 1933 erfolgreich erprobt werden konnte. Sie entwickelten und bauten zunächst weitere Nurflügelsegler und später Motorflugzeuge. Aus ihnen entstand mit der H IX im Jahre 1944 der erste turbinengetriebene Nurflügler der Welt. Die Verkleidung dieses Nurflüglers bestand überwiegend aus Holz und hatte dadurch den Vorteil, für das feindliche Radar nahezu unsichtbar zu sein. Der erste Testflug fand im Februar 1945 in Oranienburg statt und dauerte etwa 30 Minuten. Mit der Bezeichnung Ho 229 sollte dieser Nurflügler als Jagdflugzeug in Serie gebaut werden, doch das Ende des Zweiten Weltkrieges ließ die Pläne nicht mehr verwirklichen.

Aufbauend auf den Erkenntnissen über die Entwicklung der Nurflügler entwickelte man in den USA den Stealth-Bomber B2. Seine Flügelform hat aber keineswegs mehr aerodynamische Gründe, sondern soll ihn für das Radar so gut wie „unsichtbar" machen.

Die berühmte Concorde, das erste Überschall-Verkehrsflugzeug, ist ebenfalls in die Reihe der Nurflügler einzureihen. Der extrem stark pfeilförmige Flügel dieser Maschine ist eine günstige Gestaltungslösung für das Erreichen von Überschallgeschwindigkeiten.

### Überschallgeschwindigkeit

**Bewegung von Flugkörpern mit über 1200 Kilometer/Stunde. Im Ultraschallbereich zieht der Flugkörper eine so genannte Kopfwelle hinter sich her. Diese bildet den Lärmkegel, der als lauter Knall oder Donnerschlag wahrnehmbar ist.**

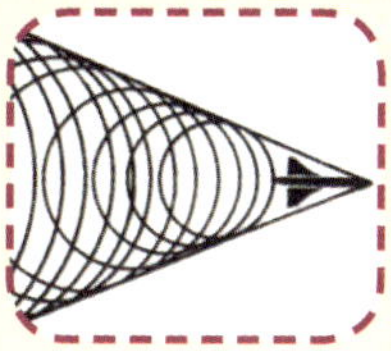

Neuere Konzepte gehen davon aus, den Nurflügler, der „schwerer als Luft" ist, mit den Vorteilen der Technologie „leichter als Luft" der Zeppeline und Ballone zu verbinden. Die Umsetzung dieses Konzeptes erfordert neue Werkstoffe extremer Leichtigkeit und Stabilität. Durch die Nutzung neuartiger Polymerfasern, die eine etwa zehnfache Zugfestigkeit von Stahl besitzen, kann das Gewicht trotz Sicherung hoher Stabilität wesentlich verringert werden.

Auf der großen Tragfläche sind Solarzellen untergebracht, die für den Elektromotor, der die Luftschraube antreibt, die notwendige elektrische Energie liefert.

## Dieser Nurflügler „tankt“ Sonnenpower – „Nurflügler 2007“

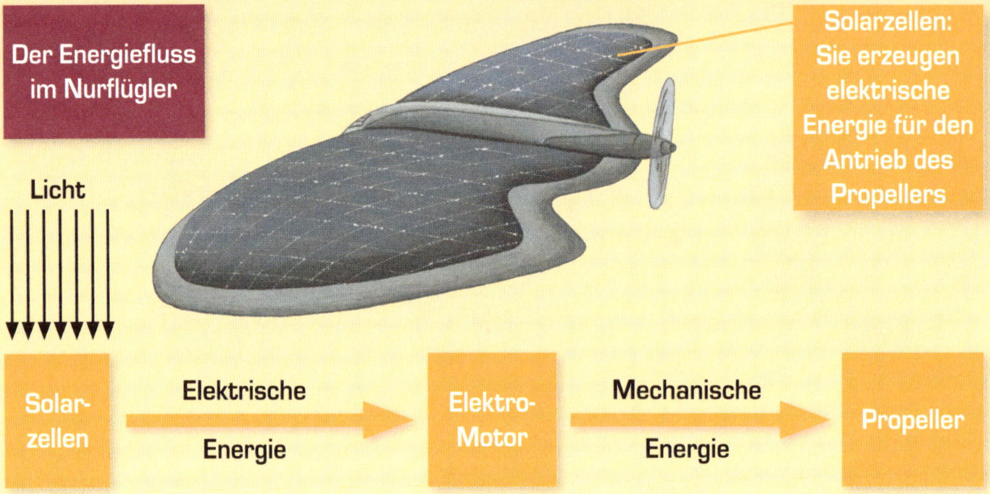


Auf Grund des großen Volumens dieser neuen Nurflügler mit pneumatischen, also mit Helium gefüllten Flügeln, sind verbesserte Auftriebseigenschaften zu erzielen. Dadurch könnten größere Treibstoffmengen gegenüber konventionellen Flugzeugen eingespart werden. Und geringer Treibstoffverbrauch belastet auch weniger die Umwelt.

## Solarzelle

**Besteht aus Siliziumschichten. In der oberen Schicht herrscht Elektronenüberschuss und in der unteren Elektronenmangel. Durch die Lichtenergie werden Elektronen frei und wandern nach unten wo Elektronenmangel herrscht. Zwischen der so entstandenen positiv und negativ geladenen Schicht besteht eine elektrische Spannung und Strom fließt.**

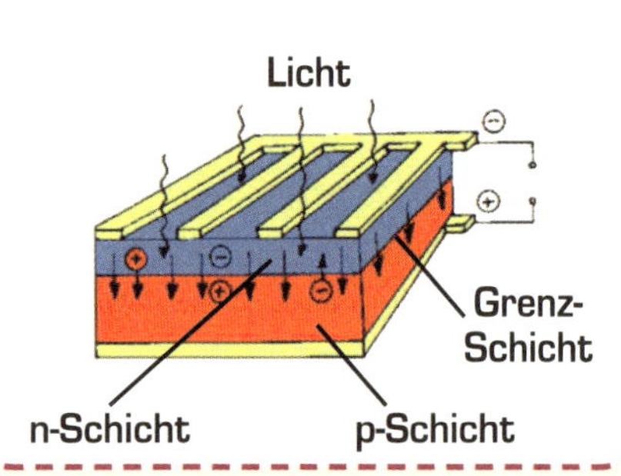

# 3 WINDVERBREITUNG VON SAMEN UND FRÜCHTEN

## „Gratistransport“ durch die Luft

Pflanzen als typisch sesshafte Lebewesen sind mit ihrem Standort buchstäblich verwurzelt. Diesen vermeintlichen Nachteil der Einschränkung von Beweglichkeit gleichen sie jedoch trickreich mit speziellen Erfindungen aus. Außerdem hat jede Pflanze das Bestreben, für ihre Nachkommen ein möglichst großes Gebiet zu erschließen. Würden alle Nachkommen in der direkten Umgebung der Mutterpflanze bleiben, dann könnten sie sich im Wachstum behindern und nur wenige hätten eine Überlebenschance. Aus diesem Grund schicken sie ihre Samen und Früchte auf die Reise. In Luft und Wasser werden sie so zum Verkehrsmittel, nutzen aber auch ebenso Tiere nach dem „Huckepack-Prinzip“, wie bei den Klettfrüchten.

Oft ist in der Nähe der Mutterpflanze die Anzahl der Samen, gemeint ist die Samendichte, sehr groß. Sie nimmt jedoch mit zunehmender Entfernung von dieser wieder ab. Damit sich die Samen und Früchte der Pflanzen möglichst weit von der Mutterpflanze entfernt verbreiten, hat die Natur viele von ihnen mit raffinierten Flugeinrichtungen ausgestattet und dadurch viele Erfindungen des Menschen vorweg genommen. Zu den Flugeinrichtungen gehören Flügel, Schirme, Ballone und Haarfortsätze. Diese erzeugen genügend Luftwiderstand, um möglichst lange in der Luft zu bleiben. Die Verbreitung durch den Wind ist dabei die ursprünglichste Verbreitungsform der Landpflanzen. Der Wind bestimmt daher auch die Richtung und natürlich auch die Entfernung der Reiseroute. Diese Verbreitungsart erinnert an die Flaschenpost, die umherirrt und das Ziel durch Zufall findet. Die Wahrscheinlichkeit an den Empfänger zugelangen, erhöht sich mit ihrer Anzahl. Zielgenauer Versand ist bei den Samen auf diese Weise nicht gegeben. Möglichst lange in der Luft zu bleiben, erfordert allerlei konstruktive Maßnahmen. Da Samen und Früchte schwerer als Luft sind und die Schwerkraft wirkt, verzögern die mannigfaltigen Formen von Verbreitungsorganen das Sinken.

Ob Gleit-, Schirm- oder Schraubenflieger, alle haben Einrichtungen zur Verringerung bzw. Verzögerung der Fallzeit. Solche Einrichtungen stellen ausgedehnte Fortsätze dar, die aus Haarschirmen oder Tragflächen bestehen. Je größer diese Fortsätze im Verhältnis zum Samengewicht sind, umso mehr Reibung erzeugt die Luft und erhöht so den Strömungswiderstand. Dadurch verlängern sich die Fallzeit der Schirm- oder Schraubenflieger und die Gleitdauer der pflanzlichen Gleitflieger bis zur Bodenlandung. Man kann sagen, dass Gleitfliegen verzögertes Fallen in schräger Linie nach unten ist. Samen und Früchte brauchen im Gegensatz zu unseren Hubschraubern und Flugzeugen keine Motoren zur Fortbewegung, da sie durch den Bau ihres Verbreitungsorgans den Wind geschickt „einfangen“ und zur passiven Fortbewegung nutzen.

**Fallschirmfrucht des Wiesenbocksbartes**

Bei den pflanzlichen Gleitfliegern, zu denen die Samen von Feldulme und Hängebirke gehören, liegt der Schwerpunkt, das Samenkorn, in der Mitte des Verbreitungsorgans. Der Gleitflug kommt durch den zentrischen Bau zustande. Sitzt der Samen jedoch am Flügelende, so erfolgt eine Drehbewegung. Zu ihnen gehören die Schraubenflieger des Ahorns und die der Esche. Der Schraubenflug wird demnach durch den exzentrischen Bau der Frucht hervorgerufen.

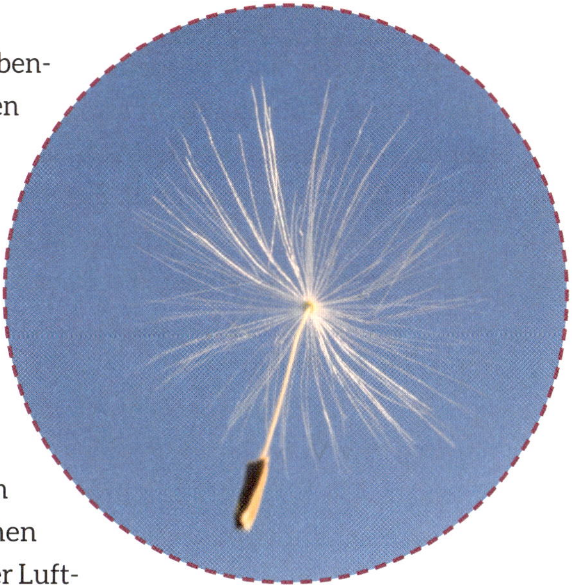

Schirmflieger, wie die Frucht des Löwenzahns und die des Wiesenbocksbartes haben ihren Schwerpunkt unterhalb des Verbreitungsorgans. Der Wiesenbocksbart ist die Frucht mit dem größten Haarschirm, dessen Durchmesser bis zu 4 Zentimeter erreichen kann. Bei ihm sind die Strahlen der radförmigen Federkrone durch winzige Fiederhärchen miteinander verbunden. Dadurch wird der Luftwiderstand beträchtlich erhöht.

Einige Pflanzenarten behalten ihre Verbreitungsorgane nur für die Zeit des Fluges mit den Samen in Verbindung. Bei anderen Pflanzen bleibt jedoch der Samen ständig mit dem Verbreitungsorgan verbunden. Die pflanzlichen Gleitflieger sind in vieler Hinsicht sogar vollkommener als solche der Technik. Sie können im Vergleich zu ihrer eigenen Masse eine ziemlich schwere Last tragen. Ein „pflanzliches" Gleitflugzeug zeichnet sich außerdem durch „selbst organisierende" Flugstabilität aus. Trifft nämlich die Frucht im Flug auf ein Hindernis, stürzt diese nicht ab, sondern nimmt sofort wieder die vorherige stabile Fluglage ein.

Die biologische Evolution hat sozusagen eine Konstruktionsregel für Flugfrüchte und -samen aufgestellt: Die Oberfläche des Verbreitungsorgans im Gegensatz zum Volumen recht groß auszulegen und dabei trotzdem eine extreme Leichtigkeit des Ganzen zu sichern. Das Prinzip der Oberflächenvergrößerung verleiht der Flugfrucht oder dem Flugsamen also lange Fallzeit durch hohen Luft- bzw. Strömungswiderstand. Die Verbreitungsorgane bestehen daher meist aus hauchdünnen, mit Adern verstärkten Häuten oder aus feinsten Härchen, in denen sich der Wind regelrecht verfangen kann und so die Reibung erhöht.

# 4 AERODYNAMISCHE GRUNDLAGEN

## Etwas zur Physik des Fliegens

Flügel von Flugfrüchten und -samen und von Flugzeugen sind vom Prinzip her ähnlich aufgebaut. Beide sind relativ flache Körper, die quer zur Flugrichtung stehen. Ihr Flügelquerschnitt ist stromlinien- oder tropfenförmig und oft leicht nach oben gewölbt. Diese Merkmale treffen natürlich auch auf die Vogelflügel zu, die von der Unterseite her betrachtet ein konkaves Profil besitzen, welches für den Vortrieb beim Flügelschlagen besonders günstig ist.

Da alle Flugobjekte in Natur und Technik stets schwerer als Luft sind, zeigen sie das Bestreben nach unten zu fallen und der Erdanziehungskraft, Schwerkraft genannt, zu folgen. Um jedoch in der Luft zu bleiben, muss die Schwerkraft mit

### i konvex/konkav

konvex

**Nach außen gewölbt.**

konkav

**Nach innen gewölbt (Hohlwölbung).**

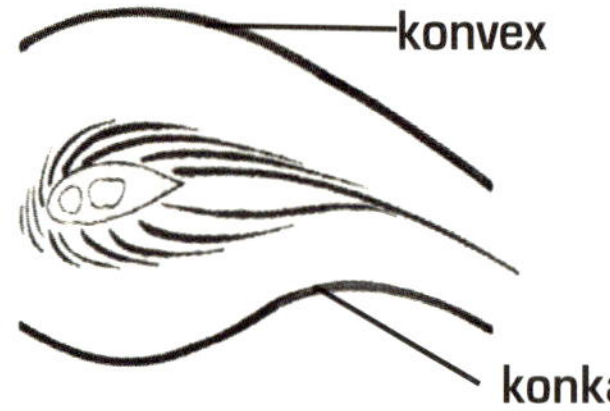

einer Gegenkraft, der Auftriebskraft überwunden werden. An diese wird daher die Forderung gestellt, mindestens genau so groß zu sein. Um aber vorwärts zu kommen, nutzen Flugzeuge zur Erzeugung der Vortriebskraft motorgetriebene Propeller oder Strahltriebwerke. Vögel dagegen setzen zur Erzeugung des notwendigen Vortriebs ihre Muskelkraft für den Schlagflügelflug ein.

Die Tragflächen von Flugzeugen und die Flügel der Vögel sind so ausgelegt, dass die Luft nach unten umgelenkt wird. Dabei strömt die Luft am nach oben gewölbten Flügel entlang und gelangt hinter dem Flügel weiter nach unten, als vorn an der sogenannten Flügelnase. Die Gegenkraft, der Auftrieb, zu dieser nach unten beschleunigten Luft, hält das Flugzeug oder den Vogel im Luftraum. Diese so erzeugte Kraft lässt sich in einem einfachen Experiment nachweisen: Wird die Hand während der Fahrt aus dem Auto- oder Zugfenster leicht in Fahrtrichtung aufwärts gekippt, so wird sie stärker nach oben gezogen als nach hinten gedrückt.

Wie lässt sich diese Erscheinung erklären? Die Luftteilchen teilen sich an der Vorderkante der Hand. Auf der mit dem Handrücken stärker nach oben gewölbten Seite müssen sie einen längeren Weg zurücklegen als auf der Unterseite. Auf Grund der gewölbten längeren Handoberseite werden die Stromlinien der Luft zusammengedrückt und erfahren eine Geschwindigkeitserhöhung gegenüber der Unterseite. Die Hand wird so in diese schnelle Strömung auf der Oberseite

## Entstehung des Auftriebs

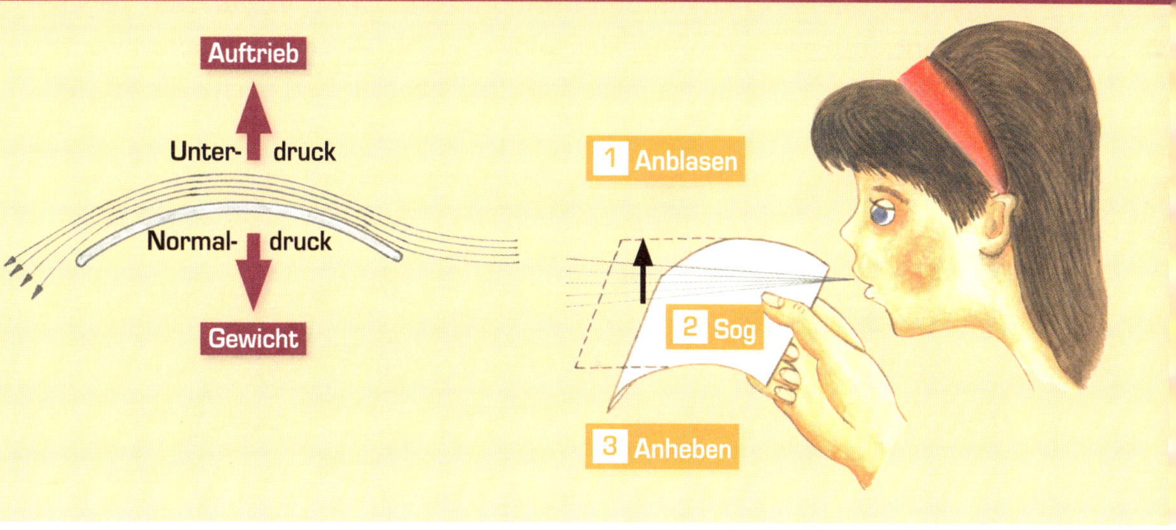

regelrecht hinein gezogen. Diese Erscheinung kann wieder durch ein Experiment überprüft werden: Nehmen wir ein Blatt Papier in die Hand und blasen kräftig über die Oberseite, so wird es wie die Hand in die schnelle Strömung hinein gesogen.

Dabei entsteht die Auftriebskraft $F_A$, die der Schwerkraft $F_G$ des Blattes entgegen wirkt. Diese Erkenntnisse lassen sich im Prinzip auch auf Flugfrüchte übertragen. Diese weisen jedoch einige Besonderheiten auf, die wir näher betrachten wollen.

Flügelartige Flugeinrichtungen von Schrauben- und Gleitfliegern der Natur wiegen sehr wenig und haben oft Lufthohlräume. Das ist auch notwendig, damit sie möglichst lange in der Luft bleiben. Lernen wir zunächst die Flugeigenschaften von Schraubenfliegern kennen.

Ein Vertreter ist die Ahornfrucht. Ihre rotierenden Flügel sind formstabil und haben wie Vogel- und Flugzeugflügel eine verdickte Vorderkante. Diese Verdickung nimmt bis zur Flügelhinterkante ab, sodass sie an dieser nur noch hauchdünn ist. Wird ein vom Flügel abgetrenntes Samenkorn fallen gelassen, beschleunigt es die Schwerkraft und bewegt sich mit zunehmender Geschwindigkeit zu Boden. Auf das Samenkorn wirkt die Schwerkraft.

Ist sie die einzig wirkende Kraft und kann sich das Korn frei in Richtung zum Erdmittelpunkt bewegen, so wird dieser Vorgang als freier Fall bezeichnet. Dieser kann jedoch nur annähernd erreicht werden, da der Strömungswiderstand als zusätzliche Kraft auf den Körper einwirkt.

Es wird aber nur dann vom freien Fall gesprochen, wenn alle, außer der Schwerkraft auftretende Kräfte, wie Strömungswiderstand und Auftrieb, vernachlässigt werden können. Anders verhält sich die komplette Ahornfrucht, weil der Flügel den Strömungswiderstand vergrößert. Die Ahornfrucht sinkt nach

### i Autorotation

**Art der Bewegung eines Rotors (z. B. Tragschrauber) oder Flugfrucht (z. B. Ahorn) durch die Luftströmung – also wenn der Antrieb zur Drehung durch den Fahrtwind bzw. Wind erfolgt.**

## Flugbahnen und Flugphasen von verschiedenen Früchten der Ahornarten

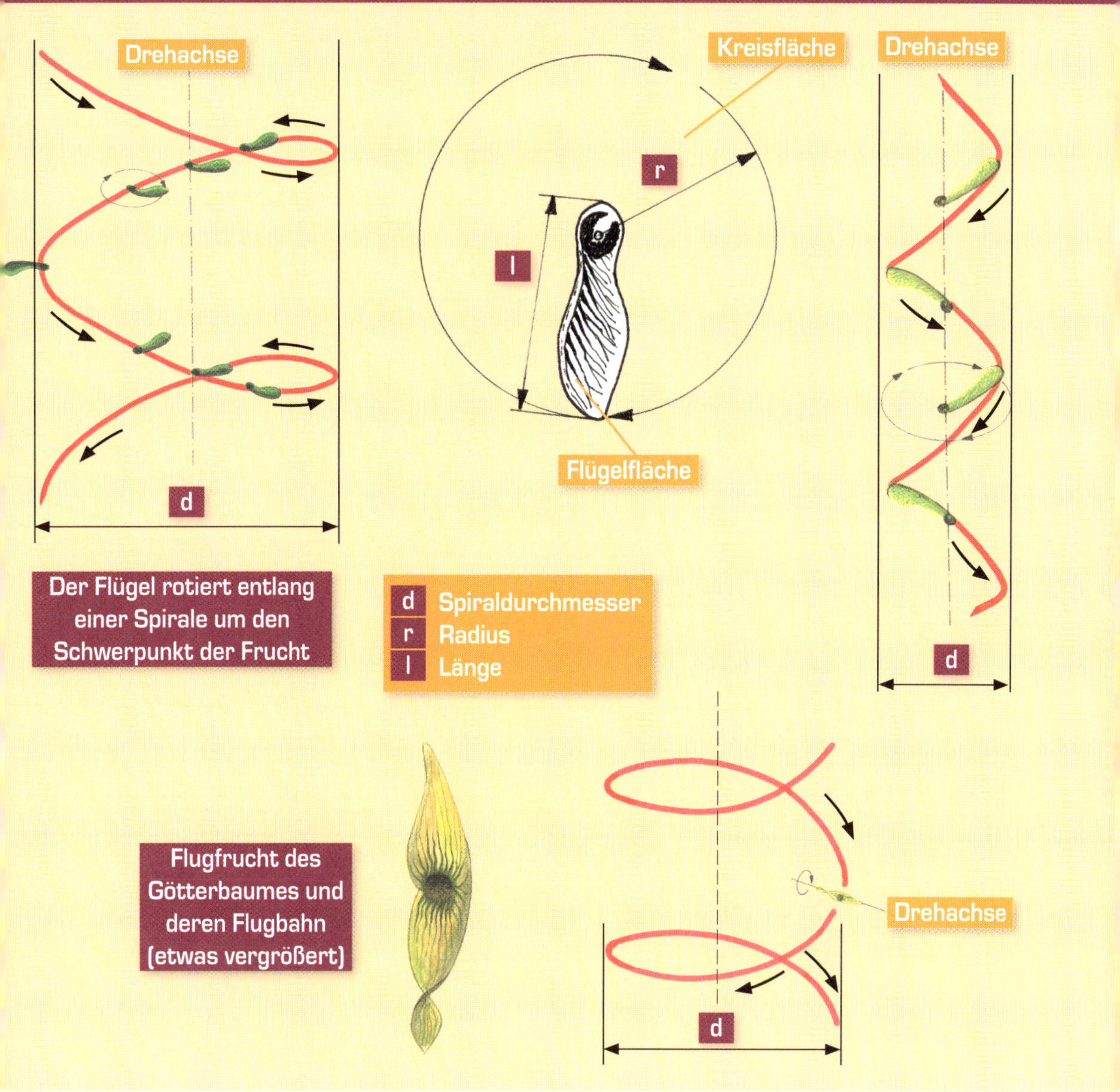


einer kurzen Strecke unbeschleunigt mit konstanter Geschwindigkeit durch Autorotation zu Boden.

Wir haben es also mit zwei Flugphasen zu tun. Die erste ist die Sturzflugphase, welche die Form einer mehr oder weniger senkrechten Linie hat. In der zweiten

Phase gerät die Frucht in ihre spezielle Fluglage. Das geschieht dadurch, indem sie eine Schräglage einnimmt und um den Drehpunkt durch Rotation eine Kreisfläche erzeugt. Diese erhöht den Luftwiderstand und bildet auch den Auftrieb entgegen der Schwerkraft. Die Autorotation erfolgt so, dass der Kern innen und der einseitige Flügel außen liegt. Der Kern geht sozusagen in den exzentrischen Flügel über. Diese Autorotation ermöglicht es der Ahornfrucht, die Flügelfläche optimal dem Luftstrom auszusetzen und dadurch die Fallzeit zu verlängern.

Auf diese Art und Weise gelingt es der Frucht relativ lange in der Luft zu bleiben. Die Ahornfrucht führt etwa 16 Umdrehungen pro Sekunde aus. Nach dem Loslösen durch wirkende Windkräfte oder Reife, führt die Frucht einen Sinkflug auf einer spiralförmigen Flugbahn aus. Durch die Autorotation des Flügels mit der Flügelfläche $A_F$ um die senkrechte Achse wird die Schraubenkreisfläche $A_K$ erzeugt. Von unten nach oben strömt Luft durch diese Fläche. Auch bei Flügeln von Windmühlen, beim Rotor-System von Windenergie-Anlagen und bei allerlei Windspielen entsteht ein solcher Luftschlauch, bei dem jedoch

## Herstellung eines Modells der Götterbaumfrucht

**Benötigtes Material:**

- Kopierpapier
- Schere, Lineal und Bleistift

**Herstellung des Modells:**

1 Papierstreifen (1,5 x 7 cm) schneiden und ein Ende verdrehen.

## Test des Modells

Wirf das Modell nach oben und beobachte die Flugbahn!

die erzeugte Kreisfläche auf der Stelle steht und der Wind dagegen strömt. Die Kreisfläche der Ahornfrucht bewegt sich jedoch gegen die stehende Luft.

Der Durchmesser der Flugbahnspirale ist von der Flügelform der verschiedenen Arten der Ahornfrüchte abhängig.

Das Flugverhalten der Frucht des Götterbaumes unterscheidet sich von dem der Ahornfrucht. Durch das eine schraubenförmige Ende des Flügels, beginnt sich während des Fallens die gesamte Frucht zu drehen. Dabei sinkt sie in einer spiralförmigen Bahn verzögert zu Boden, wie ein sich drehender Zylinder. Hat man keinen Götterbaumflieger vorrätig, so lassen sie sich als Modell aus Papier herstellen und testen.

Hierbei greift die Gewichtskraft $F_G$ der Ahornfrucht in dessen Schwerpunkt an. Durch Autorotation und Querschnittsform der Frucht in Form eines profilierten Flügels wird auch eine Auftriebskraft $F_A$ erzeugt.

Oft werden Ahornfrüchte und Hubschrauber miteinander verglichen. Zwar bestehen Gemeinsamkeiten, aber es ist grundsätzlich zu beachten, dass in der Natur das Prinzip Welle/Nabe bzw. Achse/Nabe nicht vorhanden ist. Die Erfindung des rotierenden Rades ist auf den Menschen zurückzuführen. Die Ahornfrucht

## Flügelquerschnitt und Funktionsprinzip der Ahornfrucht

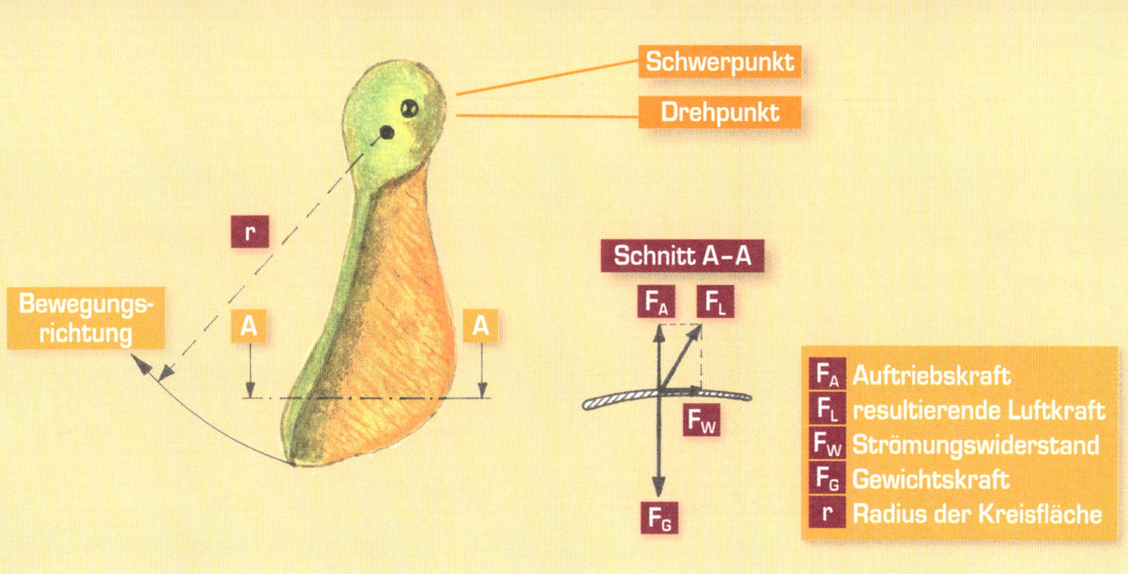

führt die Autorotation aus, während der Hubschrauber seine Rotorblätter zur Erzeugung der Drehbewegung mit Hilfe eines Verbrennungsmotors antreiben muss. Auch wird beim Hubschrauber im Gegensatz zur Ahornfrucht die Luft von oben nach unten beschleunigt.

Ein weiterer Unterschied besteht in der Autorotation der Ahornfrucht und der des Hubschraubers. Im Falle einer Havarie, beispielsweise durch Motorausfall, erzeugt der Hubschrauber auch eine Autorotation. Die Autorotation der Ahornfrucht wird von der Anfangsgeschwindigkeit Null auf eine bestimmte konstante Geschwindigkeit beschleunigt. Im Gegensatz zur Ahornfrucht haben die Rotorblätter des Hubschraubers aber bereits eine bestimmte Geschwindigkeit, die auf Grund der Masseträgheit noch kurzfristig aufrechterhalten werden kann. Durch den auftretenden Strömungswiderstand nimmt jedoch die Drehzahl der Rotorblätter immer mehr ab. Der Hubschrauber stürzt ab. Um dies zu vermeiden, wird der Anstellwinkel der Rotorblätter auf einen niedrigen Wert eingestellt. Dadurch kann das Drehmoment der Blätter um die Rotorachse auf Null gebracht werden. Die Folge: Auf den einzelnen Rotorblättern entstehen auch bei geringen Anstellwinkeln noch Auftriebskräfte. Eine Landung aus diesem Zustand ist wegen der relativ hohen Sinkgeschwindigkeit nicht möglich. Kurz vor der Landung lässt sich jedoch die Sinkgeschwindigkeit wieder verringern, indem der Pilot den Anstellwinkel der Rotorblätter wieder vergrößert. Der dadurch erzeugte Schub bremst den Hubschrauber leicht ab. Wesentlich besser vergleichbar mit der Ahornfrucht wäre der Tragschrauber, da seine horizontal angeordneten Rotorblätter durch die anströmende Luft und nicht durch einen Motor bewegt werden.

## Tragschrauber

**Er wird auch als Gyrokopter bezeichnet. Im Gegensatz zum Hubschrauber wird der Hauptrotor nicht von einem Motor angetrieben, sondern führt Drehbewegungen durch die von vorn anströmende Luft aus. Die Vortriebskraft erfolgt mit einem senkrecht angeordneten kleinen Propeller.**

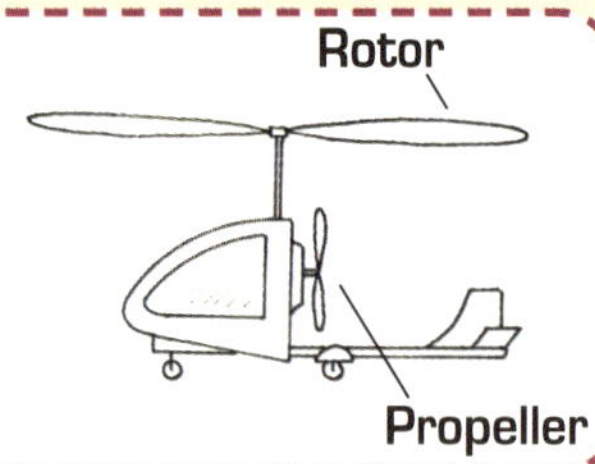

## Funktionsprinzip des Zanonia-Samens

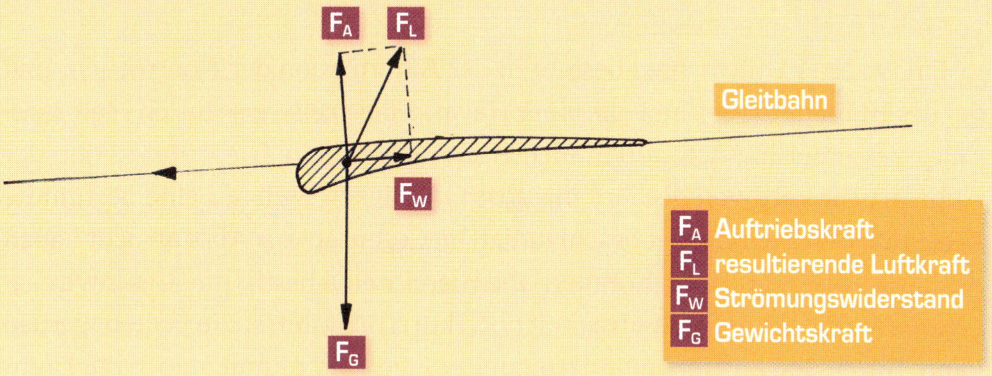


Gleitflieger, wie der Zanonia-Samen, verwirklichen das Prinzip der Oberflächenvergrößerung, um Strömungswiderstand durch eine relativ große Angriffsfläche zu bieten, die letztlich das Absinken wirksam verzögert. Der Zanonia-Samen führt wie alle Gleitflugsamen und -früchte einen Gleitflug aus.

Der Flug wird in gerader, leicht nach unten führender schräger Linie vollzogen. Gleiten ist also, wie bereits erwähnt, verzögertes Fallen in geneigter Ebene. Je größer die Neigung, umso größer ist auch der Neigungswinkel der Flugbahn.

Im Gleitflug strebt der Samen oder die Frucht auf einer unter dem Gleitwinkel $\beta$ geneigten Ebene der Erde zu. Die Gleitgeschwindigkeit ist konstant, wenn die senkrecht nach oben gerichtete resultierende Luftkraft $F_L$ entgegen gesetzt gleich der Gewichtskraft $F_G$ ist. Die Luftkraft kann man in den Strömungswiderstand $F_W$ in Richtung der Gleitbahn und in die Auftriebskraft $F_A$ zerlegen. Im Gegensatz zum Flugzeug- und Vogelflügel bleibt der Anstellwinkel stets konstant. Aus der Flugbahn des pflanzlichen Gleitfliegers lässt sich das Funktionsprinzip ableiten.

Zwischen dem Gleitflugzeug mit Tragflächen in Zanonia-Form und dem Zanonia-Samen selbst, besteht also eine Ähnlichkeit des Aufbaus. Bei beiden sind die Form und der Tragflächenbau ähnlich.

Auch mit dem heutigen Flugdrachen gibt es ein Fluggerät, welches den pflanzlichen Gleitfliegern sehr ähnlich ist. Der entscheidende Vorteil gegenüber den Gleitfliegern der Natur besteht darin, dass sie durch Gewichtsverlagerung steuerbar sind. Außerdem können sie unter Ausnutzung der Thermik, so werden warme, aufwärts steigende Luftströmungen bezeichnet, lange in der Luft bleiben und ziemlich große Strecken bewältigen.

Nun zu den Schirmfliegern. Auch der Fallschirm hat seine Analogien, der wissenschaftliche Begriff für Ähnlichkeit, in der Natur, wie bereits bei den Früchten des Löwenzahns und Wiesenbocksbartes erwähnt.

Schirmflieger sind die „Fallschirmspringer" des Pflanzenreiches. Sie haben Büschel feiner Haare, die wie ein Fallschirm wirken, weil sich die Luft darin regelrecht verfängt. Die Naturlösung lässt sich jedoch auch hier keinesfalls auf größere technische Systeme übertragen, da die Viskosität – die Zähigkeit der Luft – bei solchen Systemen und höheren Geschwindigkeiten gegenüber dem Gewicht und der Trägheit bedeutungslos ist. Bei Fallschirmen können daher solche Haarbüschel, auch wenn diese proportional vergrößert würden, nicht zur Verringerung des Sinkens genutzt werden. Was jedoch nutzbar ist, ist das Prinzip der Verringerung der Sinkgeschwindigkeit oder auch anders ausgedrückt, das der Verlängerung der Fallzeit durch Flächenvergrößerung.

## Sinkgeschwindigkeit

**Sie gibt an, wie viele Meter ein Flugobjekt in einer Sekunde beim Gleitflug in ruhiger Luft an Höhe verliert.**

$$v_s = \frac{\text{Weg s (m)}}{\text{Zeit t (sec)}}$$

Der Haarbüschelfallschirm pflanzlicher Flugeinrichtungen erhöht auf Grund der relativ großen Oberfläche den Strömungswiderstand. Der Schwerpunkt, den der Samen bildet, liegt weit unten, sodass ein stabiler Sinkflug erreicht wird und Kopflandungen fast ausgeschlossen sind. Die Oberfläche des Samens besteht aus hakenförmigen Elementen, welche sich mit dem Boden verhaken, damit der Samen nach einiger Zeit keimen kann.

Schaut man sich den Schirm der Löwenzahnfrucht genauer unter einer Lupe an, so sind an den einzelnen Haaren kleine Fortsätze zu erkennen. Sie erfüllen

## Aufbau der Frucht des Löwenzahns

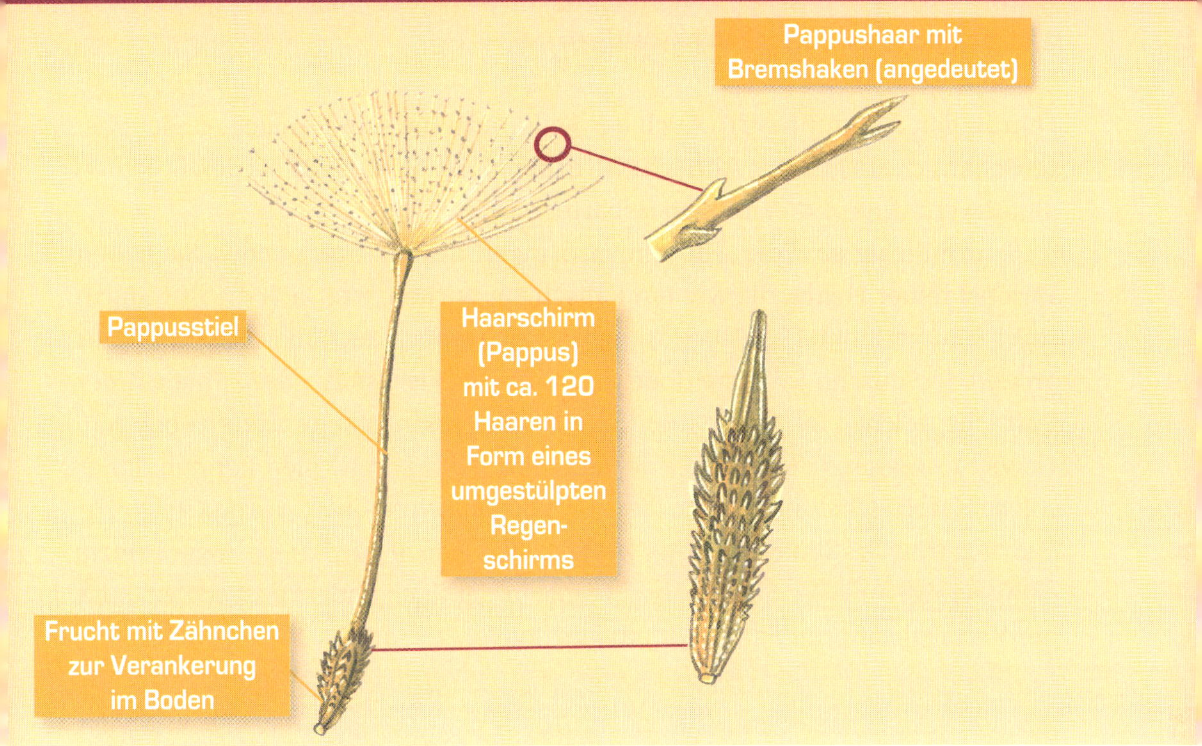


wahrscheinlich die Aufgabe von Bremshaken, die zusätzlichen Strömungswiderstand bieten. Infolge ihrer geringen Abmessungen haben die Bremshaken, bezogen auf ihr Volumen, eine verhältnismäßig große Oberfläche. Die anströmende Luft drückt von unten auf die von den Haaren abstehenden Bremshaken, sodass durch den entstehenden Staudruck eine Bremswirkung auftritt.

Bilden die hinter den Bremshaken angeordneten Taschen vielleicht reibungserzeugende Luftwirbel aus? Lässt sich dieses Verzögerungsprinzip des Sinkfluges vielleicht durch diese Bremshaken technisch umsetzen?

In einer älteren Patentschrift ist eine davon abgeleitete Lösung zu finden. Ein Schleifbügel unterhalb des hinteren Flugzeugrumpfes wird durch Umklappen gleichzeitig als Bremsdorn genutzt.

Diese Notwendigkeit des Bremsdornes erklärt der Erfinder damit, dass zur Erreichung der vollen Drehzahl des Propellers eine lange Anlaufstrecke für das Abheben des Flugzeuges nicht mehr notwendig ist.

## Kräfte am Ankerhaken des Nüsschens

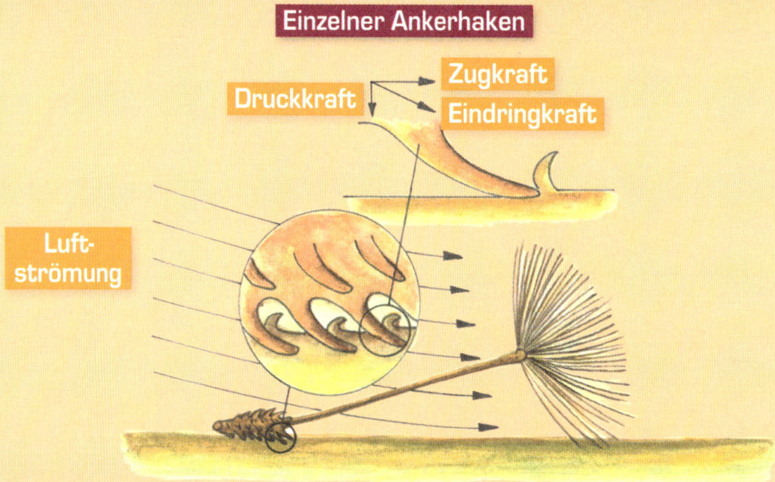


Die Ankerhäkchen dringen um so tiefer in den Boden, je stärker die Luftströmung am Schirm angreift (Prinzip des Schiffsankers)

## Bremsdorn zum Halten des Flugzeuges am Boden (Erfindung von 1912)

Fallschirm und Schirmflieger der Natur haben kaum eine Analogie des Aufbaus, sondern vielmehr eine Analogie der Funktion. Sie besteht in der bereits erwähnten Verzögerung der Sinkgeschwindigkeit.

Die Sinkgeschwindigkeit $V_S$ stellt sich bei Fallschirm und Schirmflieger aus dem Pflanzenreich dann ein, wenn die Gewichtskraft $F_G$ und der Strömungswiderstand $F_W$ im Gleichgewicht sind.

**Ähnlichkeit in der Funktion des Sinkens von Löwenzahnfrucht und Fallschirm**

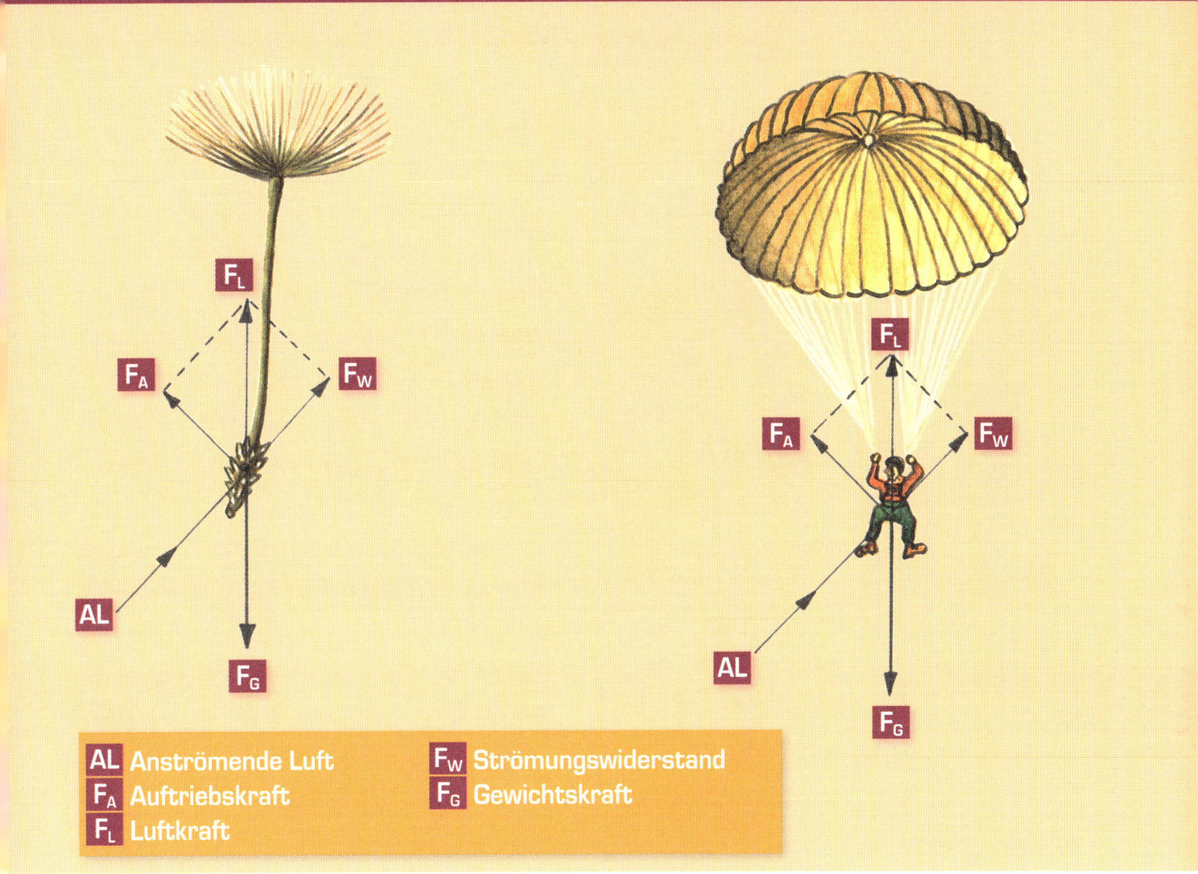


Untersuchen wir diese Tatsache am Fallschirm genauer. Beim Fallschirmsprung legt der Fallschirmspringer den ersten Teil der Fallstrecke im freien Fall zurück, ehe sich der Schirm öffnet. Mit Hilfe einer Fallschnur kann nun im Experiment nachgewiesen werden, dass der freie Fall eine gleichmäßig beschleunigte Bewegung darstellt. Man hält die Schnur so, dass die unterste Kugel den Boden berührt.

Verhalten sich nun die Kugelabstände vom Fußboden wie 1:4:9:16:25, schlagen die an der Fallschnur befindlichen Kugeln nach dem Loslassen in gleichen Zeitabständen auf.

Die Strecken, die von den Kugeln dabei durchfallen werden, sind dem Quadrat der benötigten Zeit proportional. Das bedeutet, dass sie sich wie $1^2:2^2:3^2:4^2:5^2$

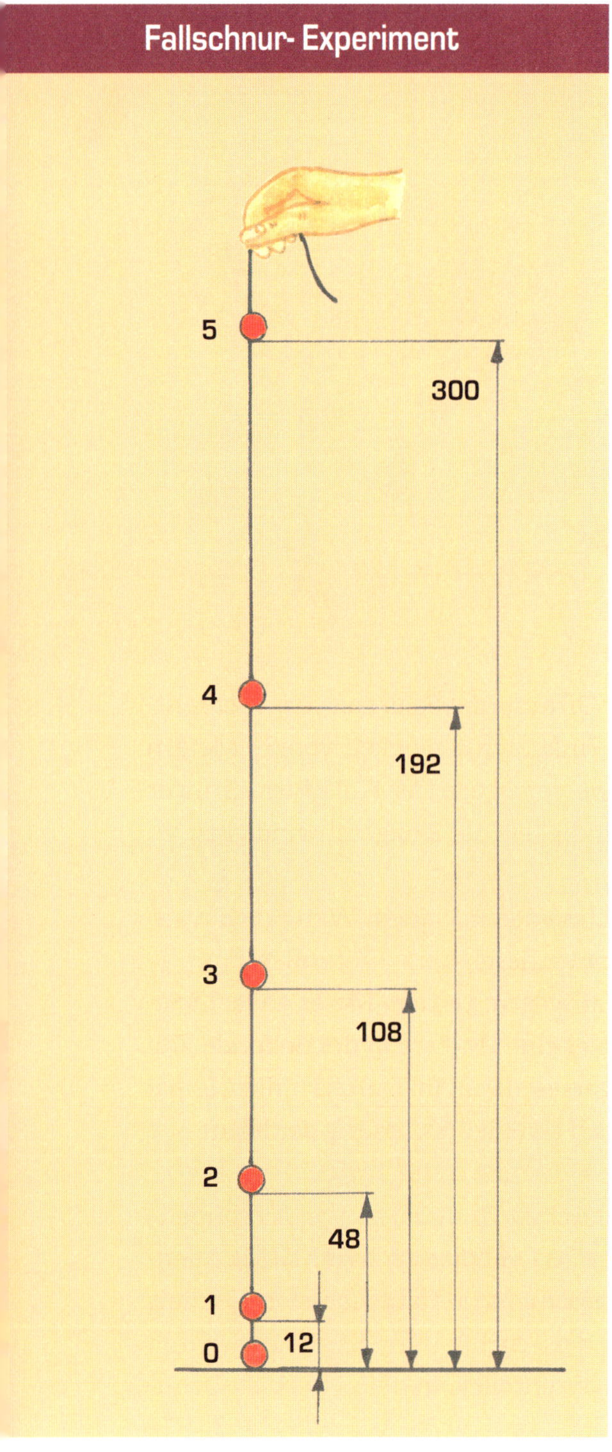


verhalten. Diese Erkenntnisse des Experimentes ergeben verallgemeinernd die Bedingung einer gleichmäßig beschleunigten Bewegung, da nach dem Weg-Zeit-Gesetz s ~$t^2$ gilt.

Fallschirmspringer, die aus großen Höhen abspringen, lassen sich meist einige tausend Meter mit ungeöffnetem Schirm fallen und öffnen ihn erst wenige hundert Meter über dem Erdboden. In der ersten Sekunde legt ein Fallschirmspringer eine Strecke von etwa 5 Metern zurück.

Die Sinkgeschwindigkeit nimmt aber in den nächsten Sekunden nicht so stark zu, wie es nach den Gesetzen des freien Falls zu erwarten wäre, da die Beschleunigung des Fallschirmspringers geringer wird. Auf Grund des Fallgesetzes müsste er in zehn Sekunden eine Fallhöhe von 500 Metern absolvieren. Durch die Einwirkung des Strömungswiderstandes sind es aber nur etwa 400 Meter.

Man hat auf Grund von Beobachtungen und Experimenten festgestellt, dass die in der 11., 12. und jeder folgenden Sekunde durchfallenen Strecken nahezu gleich sind. Somit ist die beschleunigte Bewegung in eine annähernd konstante Bewegung übergegangen. Der Strömungswiderstand wird nun mit zunehmender Geschwindigkeit des

Fallschirmspringers immer größer, sodass schließlich der Betrag des Strömungswiderstandes dem Betrag der Gewichtskraft entspricht.

Der Fallschirmspringer sinkt dann mit einer bestimmten Geschwindigkeit, die als Sinkgeschwindigkeit bezeichnet wird. So erreicht ein Fallschirmspringer mit geschlossenem Schirm eine Geschwindigkeit von etwa 5,5 Metern pro Sekunde, welche einer Geschwindigkeit von fast 200 Kilometern/Stunde entspricht. Im Augenblick der Öffnung des Schirmes steigt der Luftwiderstand sehr stark an. Somit wird die Sinkgeschwindigkeit von 5,5 Metern pro Sekunde auf etwa 4 Meter pro Sekunde verzögert. Der Fallschirmspringer sinkt dann mit einer bestimmten Geschwindigkeit, der Sinkgeschwindigkeit $V_S$, zu Boden.

Die Schirmfrüchte des Löwenzahnes schneiden bei einem Wettbewerb viel besser ab. So haben Biologen durch Experimentieren herausgefunden, dass die Schirmfrucht in ruhiger Luft bei einem Fallweg von einem Meter etwa 3,5 Sekunden benötigt – also ungefähr ein Drittel eines Meters in der Sekunde. Die Sinkgeschwindigkeit des Fallschirmspringers ist damit im Durchschnitt 20-mal größer als die der Löwenzahnfrucht. Einfach genial diese Lösung der Natur.

Mit dem Verständnis über die aerodynamischen Grundlagen von Schrauben-, Gleit- und Schirmfliegern haben wir einige notwendige Sachverhalte kennengelernt, die für das Experimentieren mit Flugsamen und Flugfrüchten notwendig sind. Lernen wir aber zunächst einige solcher Früchte und Samen kennen, um später nach ihren Vorbildern Flugmodelle zu entwickeln.

# 5 FLUGFRÜCHTE UND FLUGSAMEN ERFORSCHEN

## Mit Methoden zu neuen Erkenntnissen

Faszinierend anzuschauen ist der verzögerte Sinkflug der verschiedenen Samenarten. Dabei bewundern wir die Stabilität des Fluges und die verschiedenen Flugspiralen der Ahornfrüchte. Uns interessiert dabei so manche Frage.

- Wie werden diese, uns verblüffenden Leistungen erreicht?
- Wie kommen die hervorragenden Flugeigenschaften zu Stande?
- Welche Flugbahn wird vollzogen und welchen Einfluss hat ruhende und bewegte Luft auf das Flugverhalten?

Auf alle diese Fragen sind entsprechende Antworten zu finden, um daraus Entdeckungen zu machen. Zu richtigen Antworten gelangt man durch die forschend-entdeckende Arbeitsweise. Durch die Nutzung von Methoden können die Antworten zielgerichteter und systematischer erfolgen. Sie sind hilfreich, wenn es um die Befragung der Natur geht.

Ob es sich um Stabilität beim Gleit- oder Sinkflug, Senkung des Strömungswiderstandes oder energiesparende Fortbewegung handelt – die lebende Natur mit ihrer Vielfalt an Lösungsmöglichkeiten hat dafür passende Antworten parat.

Pflanzen und deren Flugfrüchte können aber auf unsere Fragen nicht antworten. Daher ist es nicht so einfach, ihnen ihre Geheimnisse zu entlocken. Aus diesem Grund müssen wir ganz bestimmte Methoden nutzen, mit denen wir Antworten

## Die forschend-entdeckende Arbeitsweise

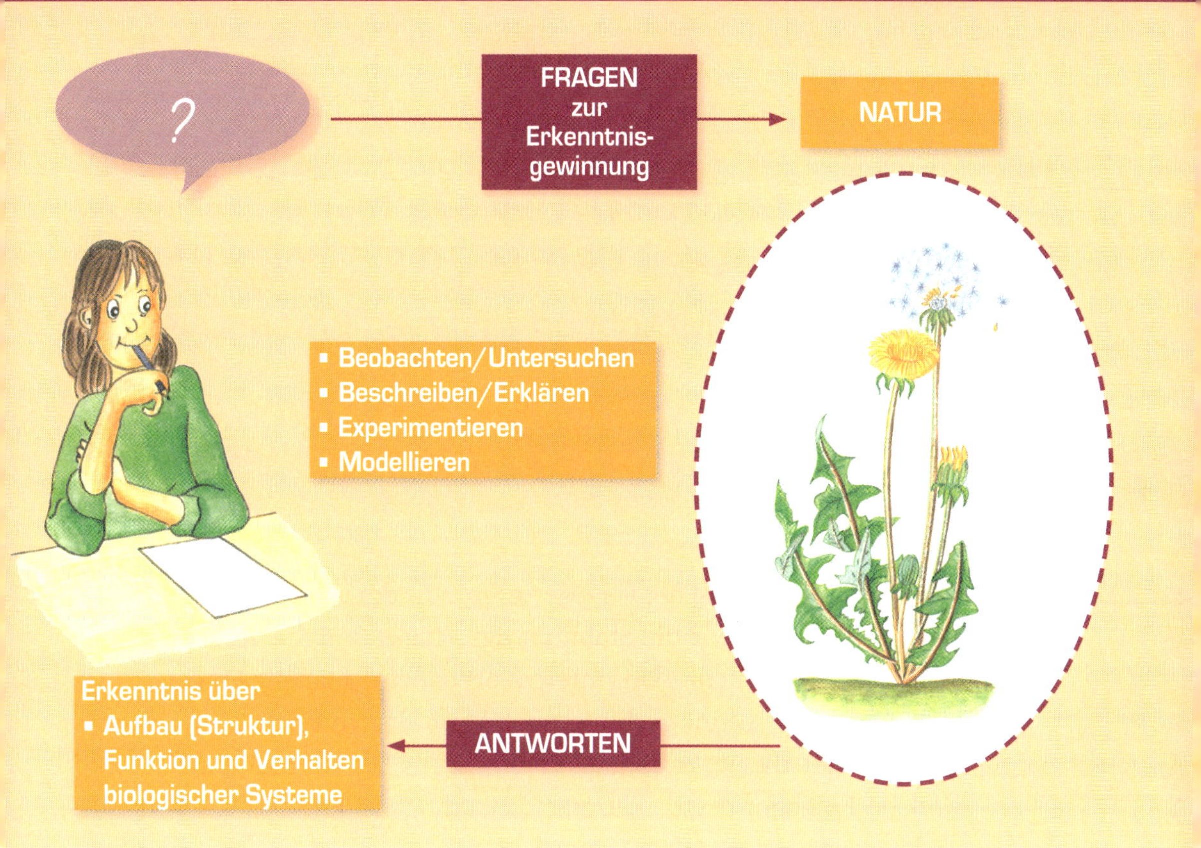


finden, die für die Lösung technischer Probleme von Bedeutung sind. Methoden geben uns Hinweise und führen uns durch auszuführende Schritte zielgerichtet und schnell zur Lösung. Zu solchen Methoden gehören unter anderem die Beobachtung, die Untersuchung, das Modellieren und Experimentieren.

Um diese Geheimnisse zu lüften, sollte man sich zunächst dem raffiniert gestalteten Bau der Flugfrüchte und -samen zuwenden, bevor mit dem Experimentieren begonnen wird. Wichtig zu erkennen ist die Tatsache, dass ein untrennbarer Zusammenhang zwischen Aufbau und Funktion besteht. Um also zu verstehen, warum die Naturflieger so gute Flugeigenschaften besitzen, muss zunächst ihr Bau erforscht werden. Hierbei ist es notwendig durch Beobachten und Untersuchen, diejenigen Merkmale heraus zu finden, die für den Flug von

Bedeutung sind. Durch anschließendes Überprüfen aufgestellter Vermutungen, durch Experimentieren und die Wertung des Flugverhaltens dringt man immer tiefer in die Geheimnisse der geflügelten Früchte und Samen ein.

Fassen wir zusammen: Zunächst wird der Aufbau der Früchte und Samen untersucht. Hilfsmittel dazu sind Pinzette, Lupe und/oder Mikroskop. Anschließend werden Flugexperimente veranstaltet und deren Ergebnisse zum Bau des Naturfliegers in Beziehung gesetzt. So gelangt man schrittweise zu wichtigen Erkenntnissen, die für den Bau von funktionsfähigen Flugmodellen von Bedeutung sind. Die „Befragung" der Naturflieger erfolgt über eine sogenannte Systembetrachtung.

## Systembetrachtung

**Jedes Objekt und jedes Lebewesen lässt sich als Ganzes und von da aus in seinen einzelnen Teilen (Elementen) betrachten. Das Ganze (System) ist wiederum Bestandteil eines übergeordneten größeren Ganzen (Obersystem). Diese Aufteilung in verschiedenen Ebenen wird als Hierarchie bezeichnet.**

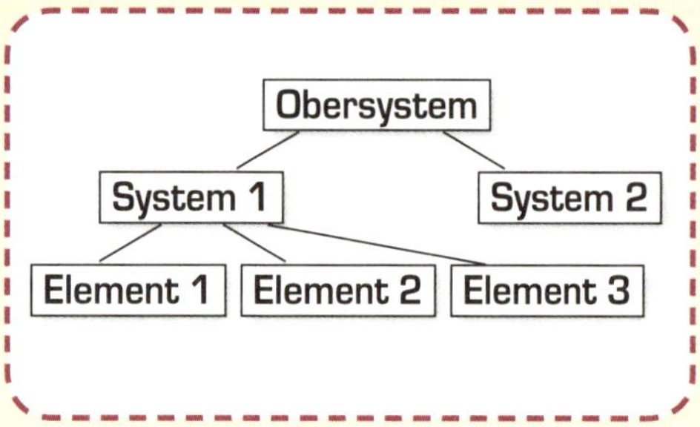


Hierbei wird die Flugfrucht als System betrachtet und gedanklich in ihre Untersysteme oder Elemente, auch als Einzelteile bezeichnet, zerlegt. Dieser Vorgang wird Analyse genannt. Nun zum Begriff des Systems. Ein System als geordnete Gesamtheit besteht aus Elementen, die zueinander in sinnvoller Beziehung stehen. Beispielsweise sind die Teile eines Fahrrades sinnvoll so zusammengesetzt, dass wir uns mit Hilfe der Muskelkraft schneller und leichter fortbewegen können, als es uns mit Laufen gelingen würde. Jedes System, egal ob ein technisches oder biologisches System, lässt sich immer weiter zergliedern. Ein anderes Beispiel ist die elektrische Handbohrmaschine.

Bei der Untersuchung von Systemen kommt es stets auf den Betrachtungsstandpunkt an. Es kann beispielsweise eine Wiese als System betrachtet werden,

## Systembetrachtung einer elektrischen Handbohrmaschine

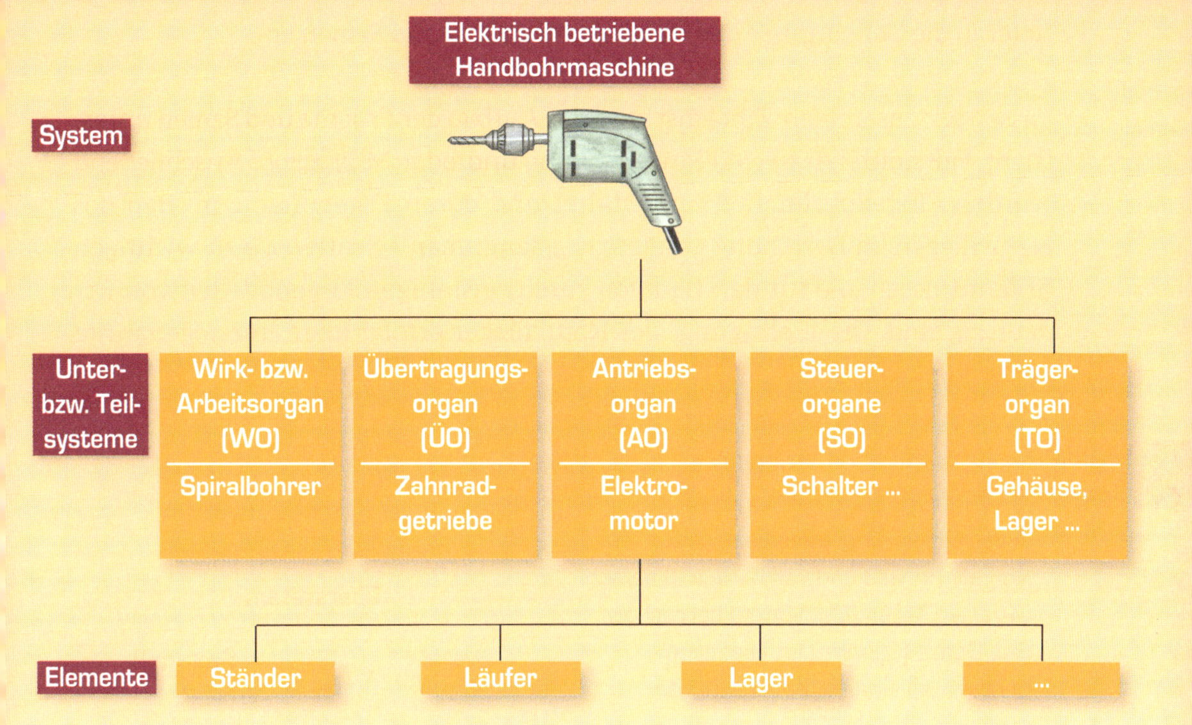


wobei die Untersysteme unter anderem die einzelnen auf ihr wachsenden Pflanzen darstellen und der zur Wiese gehörende Löwenzahn aus den Elementen Blüte, Stängel, Blätter, Wurzel usw. auf gebaut ist.

Wird dagegen die Blüte des Löwenzahns als System betrachtet, werden Fruchtboden, Kelch- oder Hüllblätter, Blütenblätter und Staubblätter erkennbar.

Blüten bestehen, wie wir wissen, nur eine gewisse Zeit. Der Fruchtknoten wächst zu einer Frucht heran – und diese ist als Schirmflieger für uns interessant.

Als Frucht bezeichnet man also das aus dem Fruchtknoten hervor gegangene Organ der Pflanze, welches den oder die Samen umhüllt und nach der Reife die Samen ausstreut oder auch mit ihnen gemeinsam von der Mutterpflanze abgelöst wird.

Pflanzliche Gleit-, Schirm- und Schraubenflieger bestehen im Prinzip aus der zu transportierenden Last und der Fläche zur Erzeugung des Strömungswiderstandes.

## Systembetrachtung einer Löwenzahnpflanze

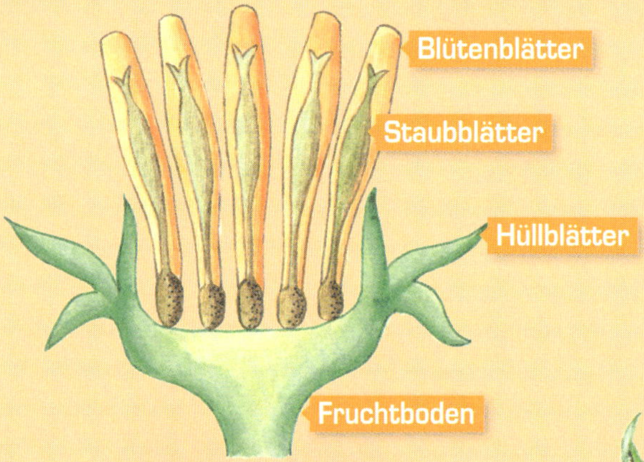


Blütenkopf im Schnitt (A)

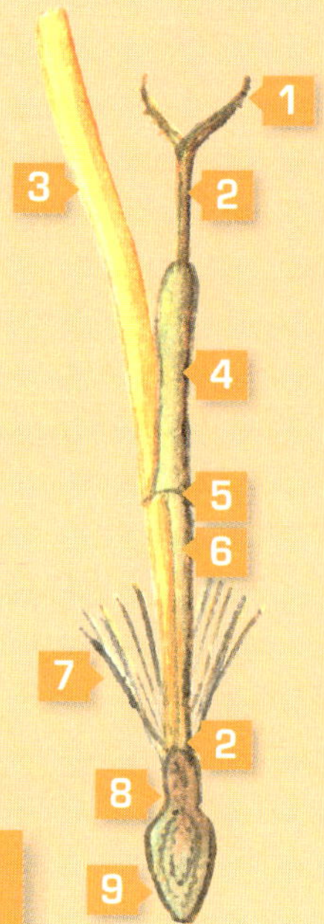


**System:** Löwenzahnpflanze

**Teilsysteme:**

- A Blütenköpfe mit Blüten-Blättern
- B Stängel
- C Blätter
- D Pfahlwurzel mit Seitenwurzeln

**Elemente:**

1. Narbe
2. Griffel
3. Zunge
4. Staubbeutelröhre
5. Staubfäden
6. Kronröhre
7. Haarkelch (Pappus)
8. Stiel
9. Fruchtknoten (bzw. Frucht)

Nachdem wir über den Aufbau der Naturflieger bescheid wissen, geht es an das Ergründen der Funktion. Hier ist das Flugverhalten zu untersuchen, um die anfangs aufgeworfenen Fragen zu beantworten.

Generell geht es bei Schirm- und Schraubenfliegern von Flugfrüchten darum, möglichst langsam zu Boden zu fallen. Das wird erreicht, wenn sie sehr leicht sind und eine möglichst große Flügelfläche besitzen. Bei kleinen Flügelflächen und schweren Lasten, den Samen, sinkt das Objekt schnell zu Boden. Das Verhältnis zwischen der Masse der Flugfrucht und seiner Flügelfläche wird als Flächenbelastung bezeichnet. Sie ist eine Größe für die Beurteilung der Flugeigenschaften von Flugfrüchten, aber auch von Flugzeugen und Vögeln.

## Flächenbelastung

**Die Flächenbelastung gibt an, mit welcher Masse jeder Quadratzentimeter der Flügel belastet wird. Zur Fläche A gehört der gesamte Körper, also das zu transportierende Objekt.**

$$\text{Flächenbelastung} = \frac{\text{Masse des Flugobjektes}}{\text{Fläche seiner Flügel}} = \frac{m\ (g)}{A\ (cm^2)}$$

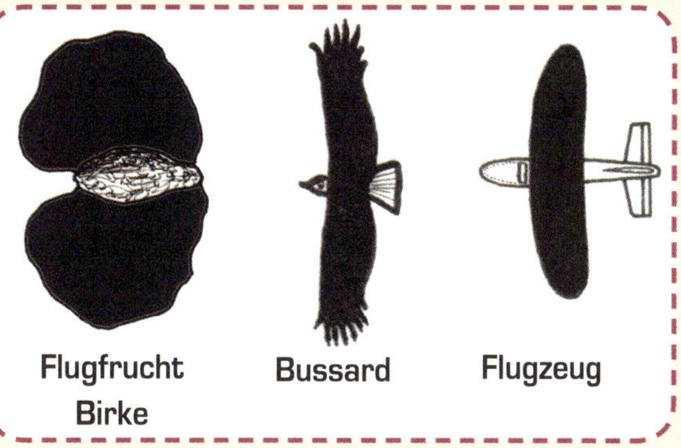


Abbildungen entsprechen nicht den realen Größenverhältnissen.

Die Flügelflächen von Flugfrüchten lassen sich einfach mit Hilfe von kariertem Papier berechnen (1 Kästchen entspricht 5 Millimeter). Dazu werden die Flugfrüchte auf das Papier gelegt und mit Bleistift umrissen. Die Flügelfläche ergibt sich aus der Anzahl der auf dem Papier des Samenumrisses eingeschlossenen Kästchen. Danach werden Länge und Breite bei Schraubenfliegern und der Durchmesser bei Schirmfliegern bestimmt, um anschließend Flügelfläche und Flächenbelastung zu ermitteln.

## Flugfrüchte auf kariertem Papier

| Fruchtart | Fruchtlänge l (mm) | Fruchtbreite b (mm) | Fläche A ($mm^2$) |
|---|---|---|---|
| Ahorn (Auswahl) | | | |
| Zanonia | | | |
| Götterbaum | | | |
| Esche | | | |
| Ulme | | | |
| Hainbuche | | | |

**Tabelle: Kenngrößen verschiedener Flugfrüchte**

Eine einfache und mit wenig Aufwand zu betreibende Variante des Experimentierens mit Schrauben- und Schirmfliegern bietet sich, wenn das Treppenhaus als Start- und Landemöglichkeit ausgewählt wird.

Auch können Flugexperimente von einer mindestens 3 Meter hohen Leiter erfolgen. Die Fallhöhe $h_F$ wird festgelegt, anschließend die Fallzeit t der Früchte

## Experimentieren

**Systematisches und zielgerichtetes Einwirken auf das Objekt mit technischen Mitteln (Versuchsaufbau) und beobachten der Auswirkungen zur Gewinnung von neuen Erkenntnissen.**

oder Samen mit der Stoppuhr gemessen und die Entfernung des Landeplatzes von der Lotlinie tabellarisch festgehalten. In einem weiteren Experiment können die Verbreitungseinrichtungen entfernt und die einzelnen Werte mit und ohne Wind ermittelt werden.

## Ermittlung der Fallzeit und Fallverzögerung von Flugfrüchten

Fallhöhe $h_F$ = konstant (3m)

| Flugfrucht | Fallzeit t (sec.) vollständige Frucht | Fallzeit t (sec.) ohne Flugorgan | Fallverzögerung |
|---|---|---|---|
| 1 Ahorn | | | |
| 2 Esche | | | |
| 3 Ulme | | | |

Als Quelle zur Erzeugung einer künstlichen Luftströmung eignet sich ein Ventilator. Jeder Naturflieger sollte 10-mal die Messstrecke passieren, wobei der errechnete Mittelwert in ein Versuchsprotokoll einzutragen ist. Durch dieses Vorgehen werden relativ exakte Ergebnisse erzielt.

## ERFORSCHUNG VON SCHIRMFLIEGERN

Die Schirme von Schirmfliegern lösen sich erst, wenn sie ausgereift sind und der Wind weht. Dabei legen sie oft große Entfernungen zurück.

## Strömungswiderstand

Setzt sich aus Form- oder Druckwiderstand *und* Reibungs- oder Oberflächenwiderstand zusammen.

$F_W = F_D + F_R$

$F_D$: erfährt ein Körper bei Fortbewegung in Luft/Wasser aufgrund seiner Form und ihn dabei abbremst.

$F_R$: wird durch die Oberflächenstruktur bestimmt.

Strömungswiderstand $F_W$ ↔ Vortriebskraft $F_V$

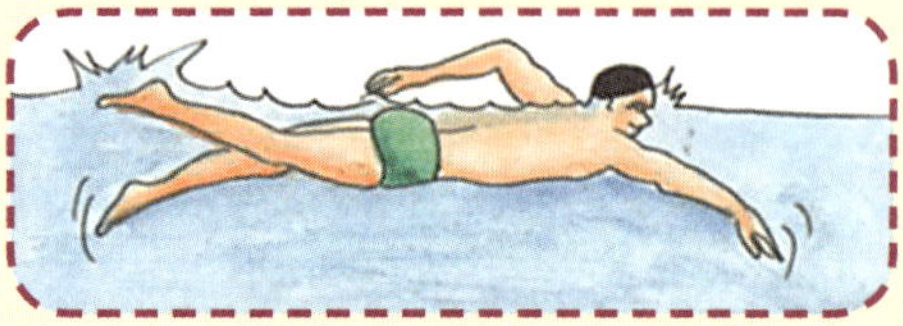

Beispiel: Schwimmer

## Prinzip der Oberflächenvergrößerung beim Plankton

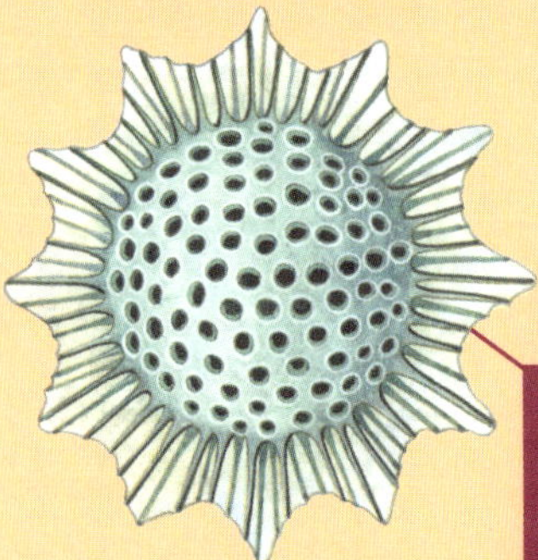

1

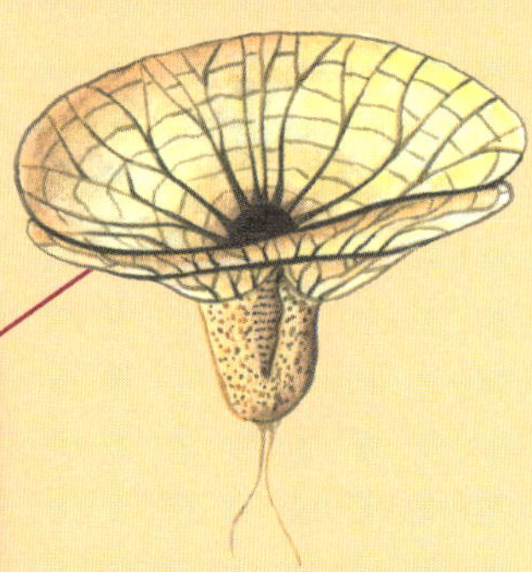

2

**SCHWEBEN DES PLANKTONS IM WASSER**

Prinzip der Verringerung der Sinkgeschwindigkeit durch Vergrößerung der Körperoberfläche mit Hilfe fallschirmartiger Fortsätze. (z. B.: Kieselalgen und andere im Wasser wohnende Einzeller)

3

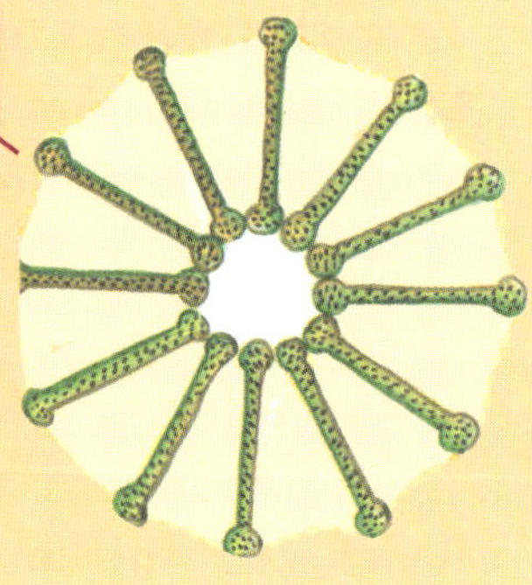

4

1 Stellaris (von oben)
2 Geißeltierchen (von vorn)
3 Planktionella (von oben)
4 Asterionellakolonie (von oben)

## Schirm- und Schweifflieger

1 Löwenzahn
2 Frühlingskreuzkraut
3 Wiesenbocksbart
4 Schmalblättriges Wollgras
5 Pelargonie
6 Kratzdistel

Die Abbildungsgrößen entsprechen nicht den wirklichen Ausmaßen.

Schirmflieger besitzen einen gestielten Haarkranz mit feinen Federstrahlen, die eine fallschirmartige Ausbreitung haben. Der gestielte Haarkranz, auch Haarkrone genannt, hat eine relativ große Oberfläche und erzeugt damit einen großen Luftwiderstand. Die Haarkrone besitzt ungefähr 120 Haare, die etwa 6–8 Millimeter lang sind. An den Haaren befinden sich winzige Bremshäkchen. An einem Haar können es schon mal 100 sein. Insgesamt erzeugen sie so eine große Oberfläche, die genügend Luftwiderstand bietet. Aus diesem Grund sinkt die Frucht sehr langsam. So kann den Schirmflieger selbst ein leichter Wind weit weg von der Mutterpflanze tragen.

Die Verringerung der Sinkgeschwindigkeit durch Oberflächenvergrößerung finden wir auch beim Plankton. Als Plankton bezeichnet man im Wasser schwebende Organismen. Durch Schweben wird das Absinken verhindert. Dazu dienen strahlige Fortsätze und Schirme zur Vergrößerung der Oberfläche. Diese „Fallschirme“ vergrößern wie in der Luft den Widerstand im Wasser und verlangsamen daher das Absinken in die Tiefe.

Genauer wird dieser Widerstand, der durch die äußere Gestalt hervorgerufen wird, als Formwiderstand bezeichnet.

Bei den Flugfrüchten sind die Schirme entweder direkt am Samen oder mit Stil am Samen befestigt. Durch den Stiel wird der Schwerpunkt weit nach unten verlagert, wodurch ein stabiler Sinkflug entsteht. Zu den Schirmfliegern gehören Löwenzahn, Wiesenbocksbart, Frühlingskreuzkraut, Wollgras, Pelargonie, Weidenröschen und andere.

Der Bau der Frucht des Löwenzahns kennzeichnet die nachfolgende Systembetrachtung. Hierbei kann den einzelnen Elementen die dazugehörige Teilfunktion

## Systembetrachtung einer Löwenzahnfrucht

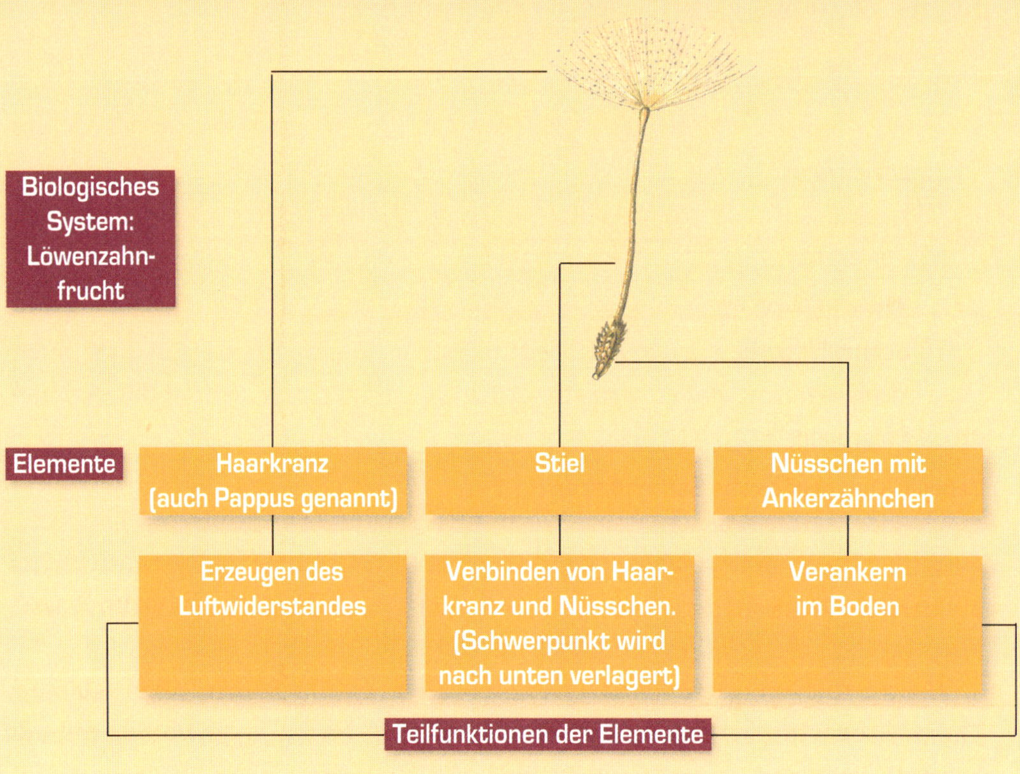

zugeordnet werden. So hat man den Zusammenhang zwischen Aufbau und Funktion dargestellt.

Es empfiehlt sich vor der Durchführung der Flugexperimente die Schirmflieger vorher zu vermessen, um einen Eindruck von den Größenverhältnissen zu erhalten. Die einzelnen Kenngrößen werden in einer Tabelle erfasst.

**Kenngrößen:**

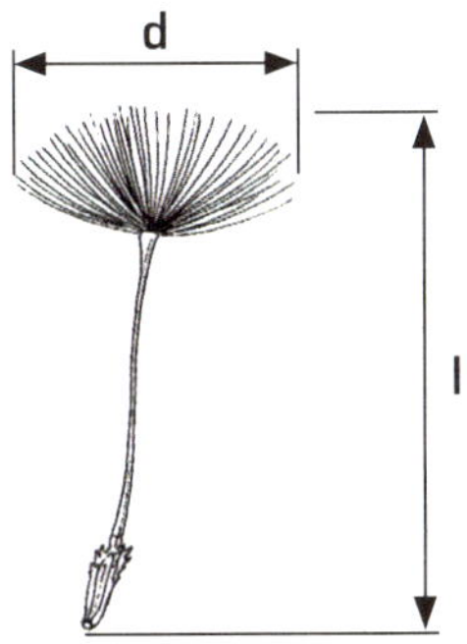


Nur die Werte aus jeweils 10 Messungen eintragen!

| Nr. | Fruchtart | Schirmdurchmesser d (mm) | Fruchtlänge l (mm) | Masse m (g) |
|---|---|---|---|---|
| 1 | Löwenzahn | | | |
| 2 | Frühlingskreuzkraut | | | |
| 3 | Wiesenbocksbart | | | |
| 4 | Schmalblättriges Wollgras | | | |
| 5 | Pelargonie | | | |

**Tabelle: Kenngrößen von Schirmfliegern**

Schirmflieger sinken bei Windstille in einer senkrechten Fluglinie nach unten. Unter dem tragenden Schirm, welcher der Luft einen Widerstand beim Sinken entgegen setzt, hängt die zu transportierende Last, der Samenkörper.

Beim Experimentieren werden die einzelnen Schirmflieger fallen gelassen. Durch Beobachten wird ihr Sinkflug studiert und die Fallzeit auch hier mit der Stoppuhr gemessen.

## Ermitteln der Sinkgeschwindigkeit von Schirmfliegern

**Fallhöhe $h_F$ = konstant (3 m)**

**Nur die Mittelwerte aus jeweils 10 Messungen eintragen!**

| Nr. | Fruchtart | Fallzeit t in Sekunden mit Flugorgan | Fallzeit t in Sekunden ohne Flugorgan | Verzögerungsfaktor x | Sinkgeschwindigkeit $v_S$ ($ms^{-1}$) |
|---|---|---|---|---|---|
| 1 | Löwenzahn | | | | |
| 2 | Frühlingskreuzkraut | | | | |
| 3 | Wiesenbocksbart | | | | |
| 4 | Schmalblättriges Wollgras | | | | |
| 5 | Pelargonie | | | | |

**Tabelle: Experimente mit Schirmfliegern**

Danach sind die Schirme zu entfernen und erneut die Fallzeiten zu ermitteln. Aus dem Vergleich der Fallzeiten mit und ohne Flugorgan lässt sich der Verzögerungsfaktor x für jeden Schraubenflieger bestimmen. Dabei findet man heraus, welchem Schirmflieger der größte Verzögerungsfaktor zugeordnet werden kann.

Außerdem kann eine Wertetabelle und ein Diagramm zur Darstellung der Fallzeiten in Abhängigkeit von der Anzahl der Pappushaare angefertigt werden. Als Ergebnis wird herausgefunden, wie sich die Anzahl der Pappushaare, die feinen Haare des Schirmes, auf die Fallzeit auswirkt.

## ERFORSCHUNG VON SCHRAUBENFLIEGERN

Wie Propeller ohne Motor bewegen sich die Flugfrüchte von Kiefer, Fichte, Tanne, Ahorn und Esche sowie die Fruchtstände der Linde durch die Luft.

## Formähnlichkeit von Eschenfrucht und Luftschraubenmodell

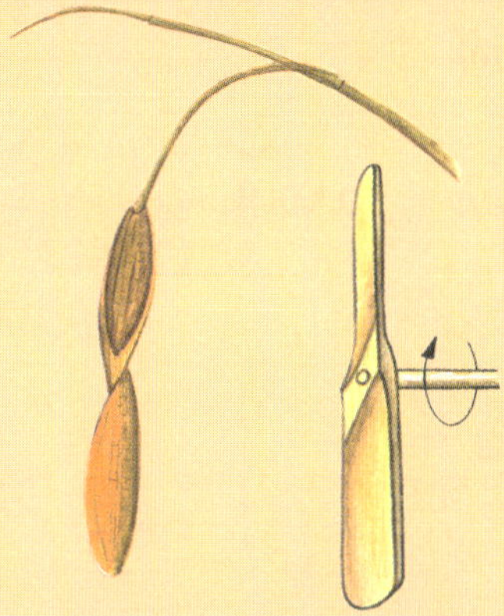

## Schraubenflieger

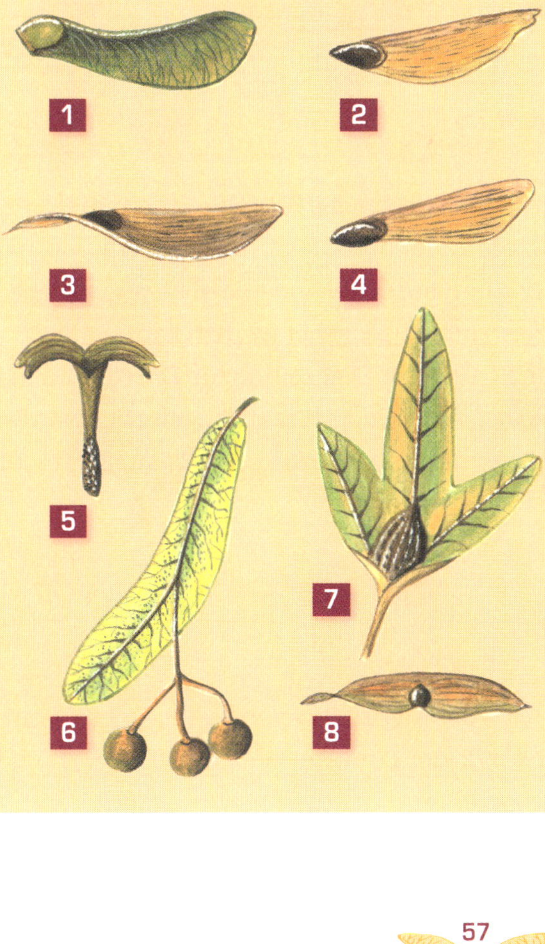


| | |
|---|---|
| 1 | Spitzahorn |
| 2 | Kiefer |
| 3 | Gemeine Esche |
| 4 | Fichte |
| 5 | Kardendistel |
| 6 | Linde |
| 7 | Hainbuche |
| 8 | Götterbaum |

Die Abbildungsgrößen entsprechen nicht den wirklichen Ausmaßen.

## Ahornarten

1

2

3

4

5

6

1 Feldahorn
2 Roter Ahorn
3 Eschenahorn
4 Amerikanischer Felsenahorn/ Zwergahorn
5 Bergahorn
6 Spitzahorn

Die Schraubenflieger haben einen langen Flügel, an dessen einem Ende der Samen sitzt. Hier gibt es beispielsweise Ahorn, Esche, Kiefer, Fichte, Linde, Kardendistel und Hainbuche. Weltweit sind etwa 150 Ahornarten bekannt. In unseren Breiten gibt es auch verschiedene Ahornarten. Zu ihnen gehören Bergahorn, Eschenahorn, Feldahorn, Spitzahorn und Französischer Ahorn. Ihre Flügelformen unterscheiden sich leicht voneinander.

**Profilquerschnitt einer Ahornfrucht**

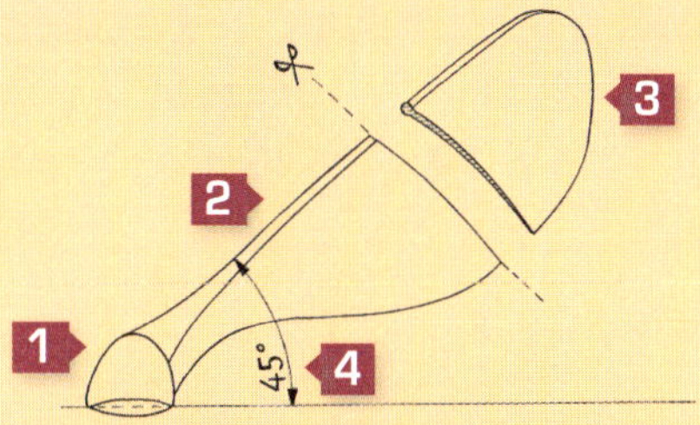


1 Samen/Kern
2 Verdickte Flügelkante
3 Flügelfläche
4 Flügelwinkel

Die Flügelvorderkante von Ahornfrüchten ist verdickt. Das gibt ihr nicht nur Stabilität sondern verbessert auch noch den Auftrieb. Fertigt man von der Frucht mit der Schere einen Querschnitt an, so ist die Flügelprofilierung deutlich erkennbar.

Die Systembetrachtung zur Ahornfrucht lässt sich wie folgt darstellen:

**Systembetrachtung einer Ahornfrucht**

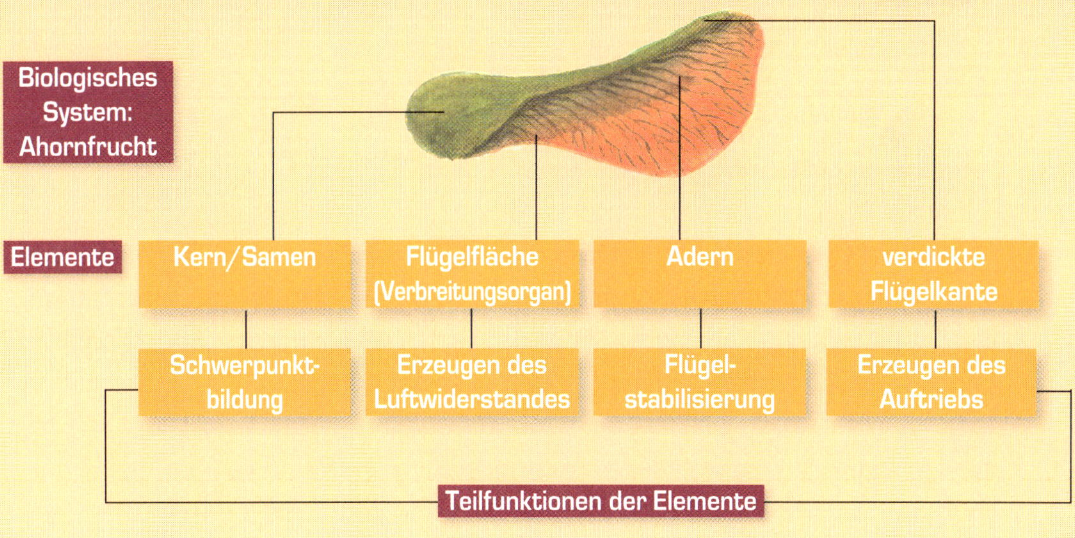

Die Kenngrößen der Schraubenflieger werden auch in einer Tabelle übersichtlich erfasst. Die Flügelfläche soll hier nur annähernd ermittelt werden, da sie von einer geometrischen, bestimmten Form abweicht und sich so einfacher berechnen lässt. Die Kreisfläche $A_K$ ist dabei diejenige Fläche, die bei einer Umdrehung (360°) um den Schwerpunkt entsteht.

**Kenngrößen:**

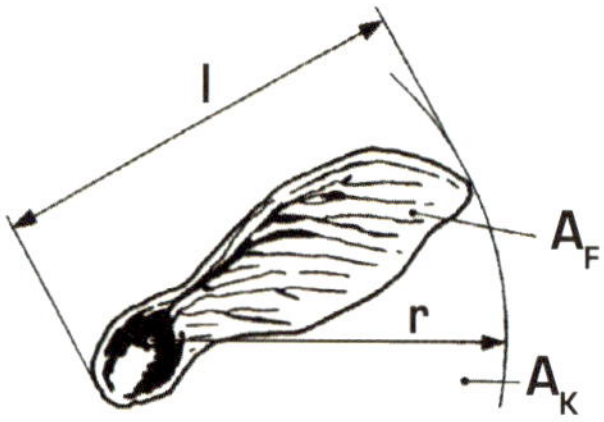


Nur die Werte aus jeweils 10 Messungen eintragen!

| Nr. | Fruchtart | Flügellänge l (mm) | Flügelfläche $A_F$ (mm²) | Kreisfläche $A_K$ (mm²) | Masse m (g) | Flächenbelastung $F_G A^{-1}$ (Nmm⁻²) |
|---|---|---|---|---|---|---|
| 1 | Spitzahorn | | | | | |
| 2 | Kiefer | | | | | |
| 3 | Esche | | | | | |
| 4 | Linde | | | | | |
| 5 | Hainbuche | | | | | |

**Tabelle: Kenngrößen von Schraubenfliegern**

Bei den Schraubenfliegern erfolgt die Autorotation um den im Verhältnis zur Flügelfläche schweren Kern, wobei die Flugbahn die Form der Spirale annimmt. Der Durchmesser der erzeugten Spirale ist bei den verschiedenen Ahornfrüchten unterschiedlich. Es entstehen weite und enge Spiralen. Durch die Autorotation wird die erzeugte Kreisfläche von der Luft durchströmt und es entsteht wie bei einer Windmühle ein so genannter Luftschlauch. Die Windmühlenflügel brauchen zum Antrieb aber die bewegte Luft, wohingegen sich der rotierende Flügel der Ahornfrucht gegen die ruhende Luft bewegt.

## Erzeugung einer Drehbewegung in einer Luftströmung

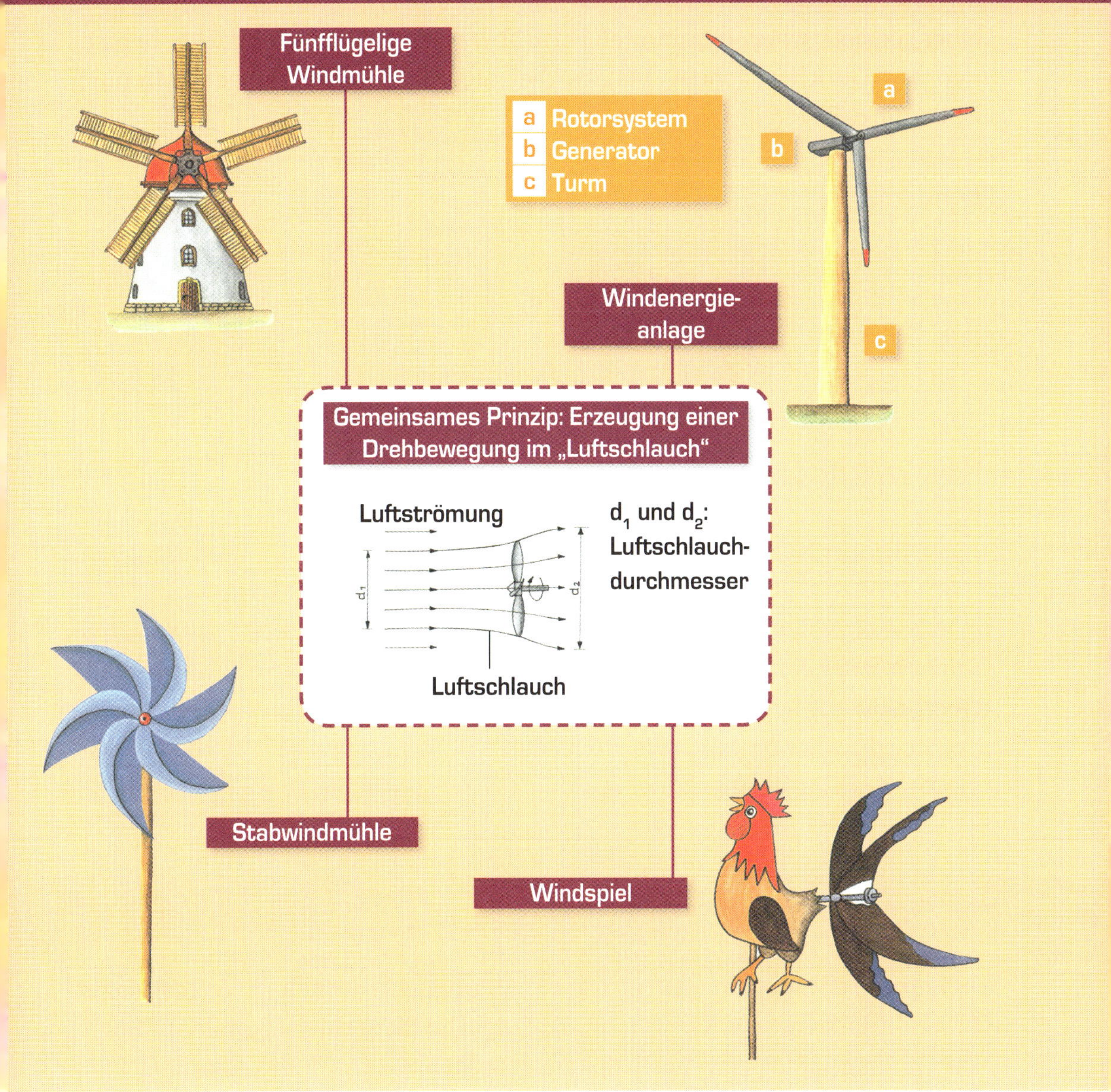


In die nachfolgende Tabelle sind die Fallzeiten der Schraubenflieger einzutragen. Hier können die Fallzeiten der einzelnen Schraubenflieger verglichen und Erkenntnisse über die Fallverzögerung abgeleitet werden.

## Ermitteln der Sinkgeschwindigkeit von Schraubenfliegern

Fallhöhe $h_F$ = konstant (3m)

**Nur die Mittelwerte aus jeweils 10 Messungen eintragen!**

| Nr. | Fruchtart | Fallzeit t in Sekunden | Sinkgeschwindigkeit $v_s$ ($ms^{-1}$) |
|---|---|---|---|
| 1 | Spitzahorn | | |
| 2 | Kiefer | | |
| 3 | Esche | | |
| 4 | Linde | | |
| 5 | Hainbuche | | |

Tabelle: Experimente mit Schraubenfliegern

Autorotation ohne Spiralflugbahn ist bei den tropischen Zwei- und Dreiflüglern zu finden. Die Gestalt dieser Flugfrüchte gleicht der eines Federballs. Oberhalb des Samenschwerpunktes sind trichterförmig angeordnete Flugorgane angebracht. Hier bremsen die Flügel den Fall nach unten ab. Durch die leicht verdrehten Flügel entsteht neben der Fallbewegung diese Drehbewegung.

## Tropische Federballfrüchte als Schraubenflieger

## ERFORSCHUNG VON GLEITFLIEGERN

Werden Gleitflieger untersucht, so stellt man fest, dass diese zwei breite Flugorgane besitzen. Der Samen befindet sich wie bereits beschrieben, in der Mitte der Frucht. Hier liegt auch der Schwerpunkt. Ähnlichkeiten zu „Gleitfliegern" im Tierreich und zu Segelflugzeugen sind erkennbar. Die tierischen Gleitflieger können zwar durch die Luft gleiten, aber nicht richtig fliegen.

### Gleitflieger im Tierreich

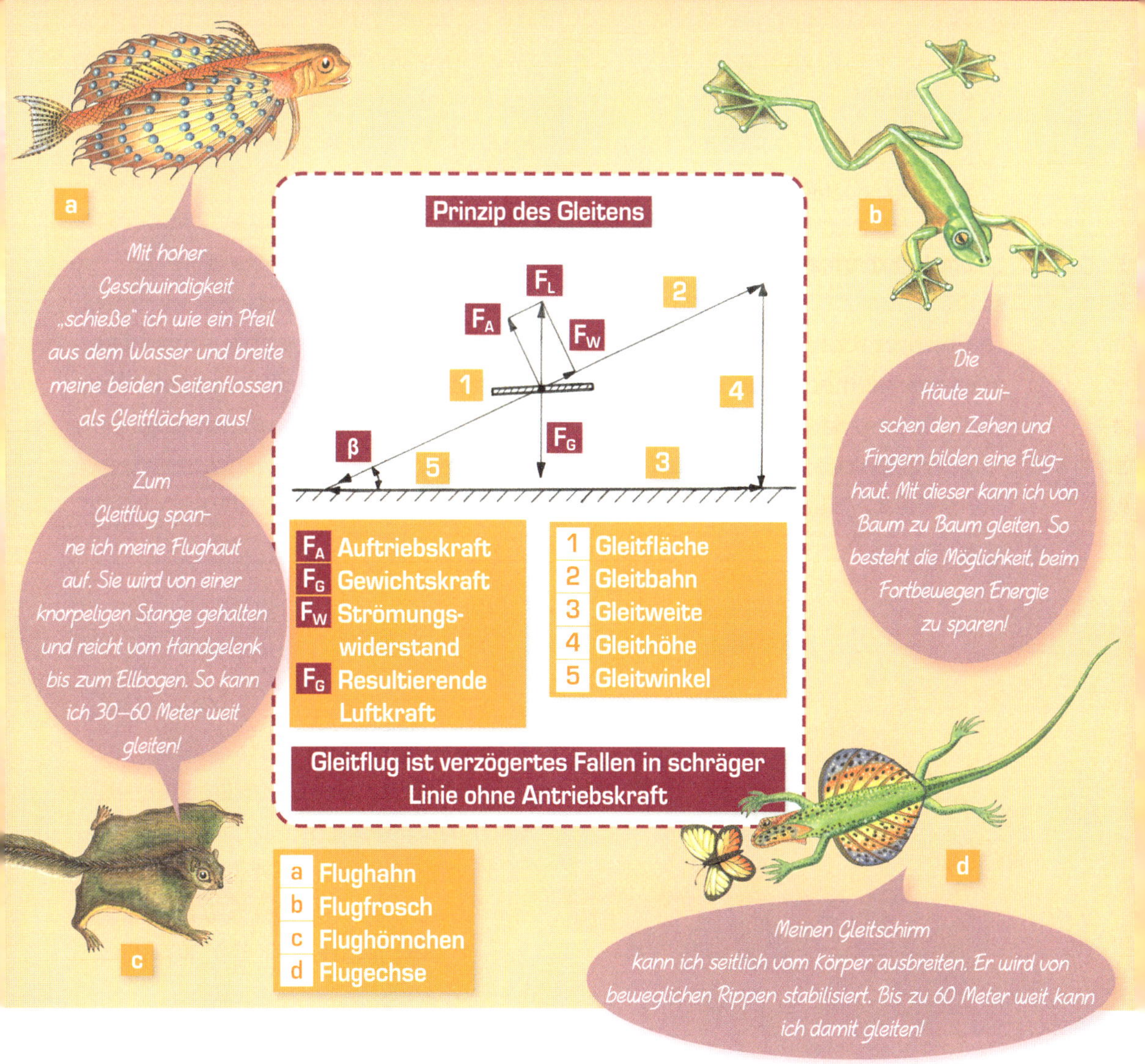

Fliegende Fische versuchen sich durch Gleitflüge über die Wasseroberfläche vor Fressfinden zu retten. Dabei „schießen" sie mit einer Geschwindigkeit von ca. 60 bis 70 Kilometer/Stunde über die Wasseroberfläche. Die bogenförmige Gleitbahn endet nach etwa 60 bis 100 Metern, je nach Art der Flugfische. Beim Flugfrosch sind es die vergrößerten Schwimmhäute zwischen den Zehen, die einen Gleitflug abwärts ermöglichen. Das Flughörnchen dagegen besitzt zwischen den Vorder- und Hinterbeinen eine behaarte Hautfalte, die im gespannten Zustand eine gut funktionierende Gleitfläche darstellt. Gleitweiten bis 70 Meter von Ast zu Ast sind keine Seltenheit.

Beim Gleithörnchen wirkt die dünne Flughaut wie ein Gleitschirm. Diese Flughaut war Ausgangspunkt für die Entwicklung des Wingsuits. Dieser ist eine Art Gleitanzug für Extremsportler, dessen eingenähte Kammern sich im Flug mit Luft füllen und dadurch die Flügelform stabilisieren. Diesen neuen Sport nennt man Wingsuiting. Durch die hohe Geschwindigkeit in der Horizontalen, ist die Fallzeit geringer als beim Fallschirm. Der Wingsuit lässt sich mit einem technischen Tragflügel vergleichen, bei dem durch die Gleitgeschwindigkeit – sie kann bis etwa 170 Kilometer/Stunde erreichen – genügend Auftrieb entsteht.

Die Flugechse, beheimatet in den Wäldern Indonesiens und der Philippinen, gleitet mit seiner von verlängerten Rippen getragenen Hautfalte bis zu 60 Meter weit. In diesem Zusammenhang sind auch noch die „fliegenden Schlangen" zu nennen. Zu ihnen gehört die aus Südostasien stammende Schmuckbaumnatter, die beim Gleiten durch die Luft ihren Körper abflacht um dabei Auftrieb zu erzeugen.

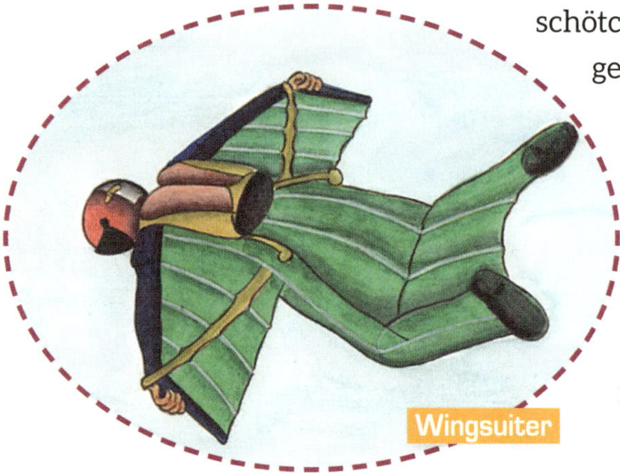
Wingsuiter

Pflanzliche Gleitflieger haben Birke, Ulme, Erle, Brillschötchen und Kleestrauch. Die Große Zanonia gehört, wie wir schon erfuhren, ebenfalls zu den Gleitfliegern im Pflanzenreich.

Am Beispiel des Zanonia-Samens ist die Systembetrachtung dargestellt.

Kenngrößen sind hier die Spannweite, die Flügelfläche und die mittlere Flügeltiefe. Auch bei ihnen ist die Flügelfläche nur annähernd zu bestimmen.

## Gleit- und Segelflieger

1 Birke
2 Feldulme
3 Erle
4 Brillschötchen
5 Kleestrauch
6 Blauglockenbaum

Die Abbildungsgrößen entsprechen nicht den wirklichen Ausmaßen.

## Systembetrachtung eines Zanonia-Samens

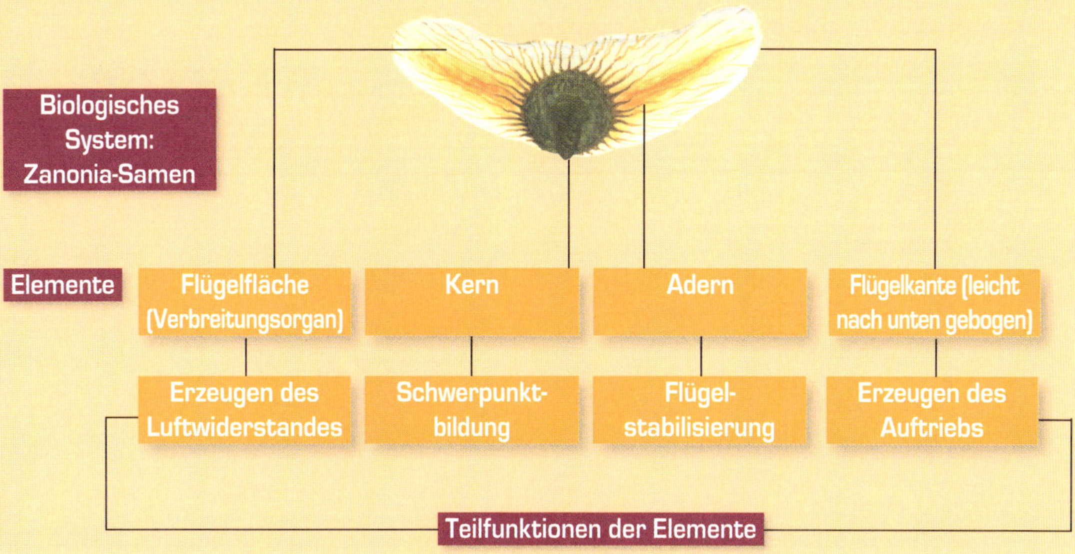

## Spannweite und Flügeltiefe

**Spannweite (b)**
Abstand zwischen linker und rechter Flügelspitze.

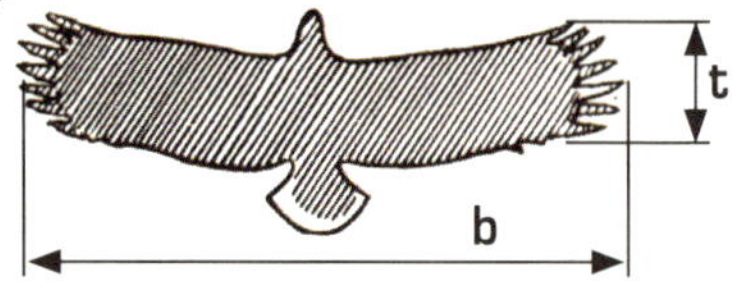


**Flügeltiefe (t)**
Abstand zwischen Vorder- und Hinterkante des Flügels.

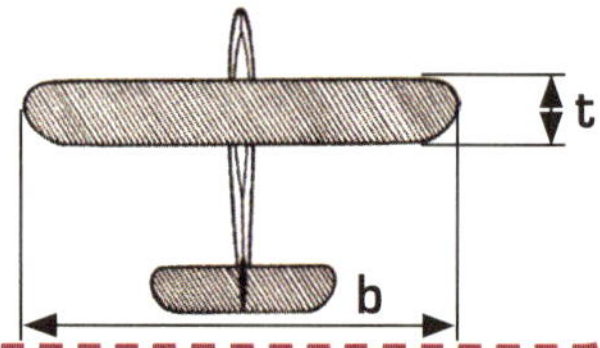


**Kenngrößen:**

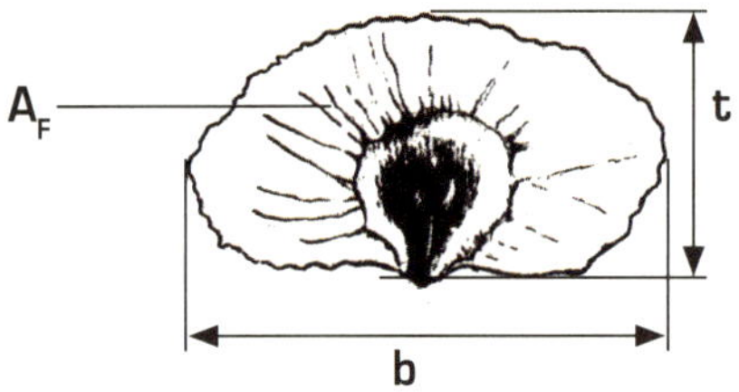


Nur die Werte aus jeweils 10 Messungen eintragen!

| Nr. | Fruchtart | Spannweite b (mm) | Mittlere Flügeltiefe t (mm) | Flügelfläche $A_F$ ($mm^2$) |
|---|---|---|---|---|
| 1 | Birke | | | |
| 2 | Feldulme | | | |
| 3 | Erle | | | |
| 4 | Brillschötchen | | | |
| 5 | Kleestrauch | | | |

Tabelle: Kenngrößen von Gleitfliegern

Gleitflieger streben der Erde einer Flugbahn in Form einer geneigten Ebene unter dem Gleitwinkel β zu. Die Flugbahn wird dabei als Gleitbahn bezeichnet.

## Ermitteln der Flugweite von Gleitfliegern

**Abwurfhöhe $h_A$ = konstant (2m)**

**Nur die Mittelwerte aus 10 Messungen eintragen!**

| Nr. | Flugfrucht | Flugweite s (m) |
|---|---|---|
| 1 | Birke | |
| 2 | Feldulme | |
| 3 | Erle | |
| 4 | Brillschötchen | |
| 5 | Kleestrauch | |

Tabelle: Experimente mit Gleitfliegern

Während es bei den Schrauben- und Schirmfliegern darum geht, möglichst lange in der Luft zu bleiben, ist bei den Gleitfliegern die Flugweite das entscheidende Kriterium des Experimentierens. Im Experiment wird untersucht, wovon die Flugweite abhängig ist.

Auf eine Tatsache muss an dieser Stelle noch hingewiesen werden. Es besteht ein wichtiger Unterschied zwischen Schirm- und Gleitfliegern. Schirmflieger fallen direkt nach unten. Man bezeichnet dieses als verzögertes Sinken, bei der die Abweichung von der senkrechten Falllinie nicht über 45° hinausgeht. Bei Werten über 45° spricht man vom Gleitflug.

Das Verständnis über Aufbau und Funktion von Flugfrüchten und Flugsamen bildet die Voraussetzung für die Erfindung und Anfertigung von Helikopter-, Gleitflug- und Fallschirmmodellen.

# 6 FLUGMODELLE NACH VORBILDERN DER NATUR ERFINDEN

## Naturorientiertes Erfinden

Viele Beispiele aus der Geschichte von Erfindungen belegen, dass beim Hervorbringen einer Lösung oder einer originellen Idee der Zufall eine große Rolle gespielt hat. Episoden aus dem Leben von Erfindern weisen auf diese Tatsache hin. So soll Johann Gutenberg auf die Idee der beweglichen Lettern zur Erfindung des Buchdruckes gekommen sein, als er figurenbildende Fackelträger auf dem nächtlichen Marktplatz betrachtete. Über Rudolf Diesel wird berichtet, dass er die Idee zur Einspritzpumpe seines Motors hatte, nachdem er seine Frau mit einem Parfümzerstäuber hantieren sah. Dabei ist nicht zu vergessen, dass jedem unerwarteten plötzlichen Einfall ein angestrengter Denkprozess vorausgeht. Sowohl Gutenberg, als auch Diesel wollten ein technisches Problem lösen. Im Unterbewusstsein geht die Lösungssuche auch dann weiter, wenn man sich mit anderen Dingen beschäftigt. Und plötzlich, durch eine äußere Anregung, wird die neue Idee „geboren".

Auch unzähliges Herumprobieren, worin Thomas Alva Edison, einer der Erfinder der Glühlampe, Meister war, führte bei ihm mit Ausdauer und Durchhaltevermögen zu einer geeigneten Lösung. Von ihm wird berichtet, dass er auf der Suche nach geeigneten Materialien für die Glühfäden seiner elektrischen Lampe etwa 6.000 verschiedene Materialien auf deren Eignung untersuchte. Er konnte daher mit Recht behaupten, dass Erfinden 99 Prozent Transpiration

(Schwitzen) und 1 Prozent Inspiration (Anregen) ist. Der scheinbaren Zufälligkeit von Erfindungen geht also ein intensiver, bewusster und gleichzeitig auch unbewusster Denkprozess voraus. Erfinder sehen zwar Dinge und Erscheinungen so, wie sie alle Menschen sehen, aber anderseits sehen sie diese auch so, wie andere sie nicht sehen. Sie betrachten Erscheinungen aus einem neuen Blickwinkel und entdecken auf diese Weise neue Seiten, neue Situationen sowie Zusammenhänge bekannter Objekte und leiten daraus Erfindungen ab.

Heute kann kein Ingenieur, Konstrukteur, Architekt oder Designer auf den Zufall warten, der zur Lösung eines bestimmten Problems führt. Es muss darum gehen, möglichst schnell Erfindungen hervorzubringen und in marktfähige Produkte umzusetzen. Doch wie kann der Zeitaufwand beim Erfinden, beim Suchen von neuen, originellen Lösungen verkürzt werden?

Eine Möglichkeit dazu bietet das an unermesslicher Vielfalt und Reichtum der lebenden Natur gefüllte „Patentarsenal“. Ist also ein technisches Problem zu lösen, so können wir die Natur systematisch und zielgerichtet nach ihren Lösungen „befragen“. Über viele Millionen Jahre evolutionärer Naturprozesse bringen einen nahezu unübersehbaren Schatz an Pflanzen und Tieren mit raffinierten Mechanismen sowie material- und energiesparenden Tricks hervor, die sich zur Lösungsfindung für technische Probleme anbieten.

Dazu eignet sich die Anwendung der Analogiemethode.

### Analogiemethode

**Die Analogiemethode ist eine Methode zur Gewinnung und Übertragung von Erkenntnissen über den Aufbau und die Funktion bzw. das Verhalten von Pflanzen und Tieren auf technische Sachverhalte.**

Analogie heißt Ähnlichkeit und besagt, dass bedeutende Merkmale von Pflanzen und/oder Tieren auf das zu lösende Problem übertragen werden. Bei der Analogiebildung wird von einer technisch zu verwirklichenden Funktion ausgegangen. Anschließend werden Pflanzen und Tiere oder deren Organe mit ähnlichen oder gleichen Funktionen ermittelt und die Möglichkeiten der Übertragung des Bauplanes auf den technischen Sachverhalt überprüft.

Freilich ist es nicht immer möglich, für die Lösung eines technischen Problems, Tiere und Pflanzen in der freien Natur zu untersuchen. In Fachbüchern, Wissensspeichern und im Internet findet man eine Menge Anregungen und weitere Informationen.

Fassen wir zusammen: Die Analogiemethode hilft uns dabei, Lösungen für ein Problem zu finden. Das Wichtige der Methode besteht darin, Lösungen, die in der Natur bereits vorhanden und in Informationsquellen beschrieben sind, auszuwählen und in die Technik zu übertragen.

Der englische Flugpionier Sir George Cayley (1773–1857) wandte bei der Erfindung eines Fallschirmes unbewusst die Analogiemethode an. Er orientierte sich an den fallschirmartigen Flugfrüchten des Wiesenbocksbartes und setzte die gewonnenen Erkenntnisse systematisch bei der Entwicklung dieses Fallschirmes um. Ob dieser auch funktionierte, ist nicht überliefert.

**Helikoptermodell mit „Gummimotor" von Dendrieux (1879)**

Zielstrebig untersuchte er zunächst die Schirmflieger dieser Pflanze, skizzierte, baute Modelle und experimentierte. Dabei entwickelte er die theoretischen Grundlagen des Fliegens und erkannte zeitig die Zusammenhänge von Flügelprofil und Auftrieb. Auch ein Helikoptermodell, welches durch eine verdrehte Bogensehne angetrieben wurde, war die Voraussetzung für den Entwurf seines Flugobjektes von 1843. Als Luftschrauben für das Helikoptermodell verwendete Cayley jeweils vier große Vogelfedern, die schräg angestellt in einem Flaschenkorken befestigt

### Sir George Cayley (1773–1857) und seine Erfindungen

Von der Frucht des Wiesenbocksbartes zum Fallschirm

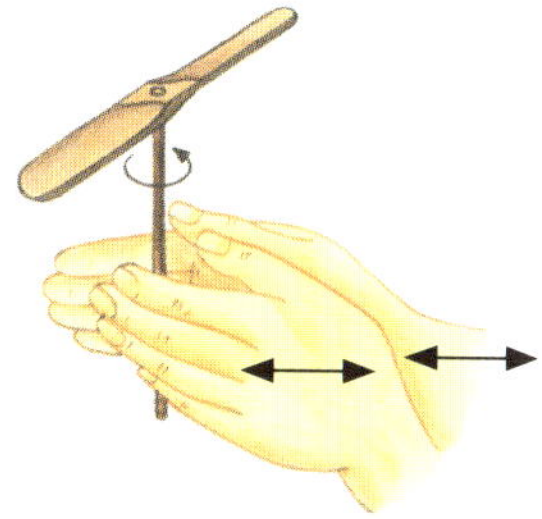

Luftschraube als Spielzeug

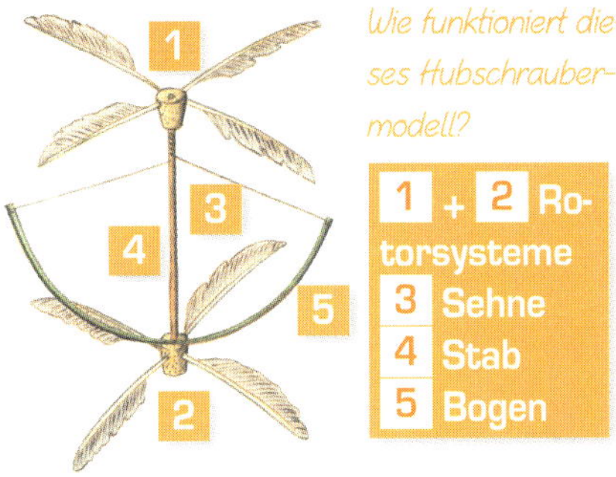


Cayleys Hubschraubermodell von 1808

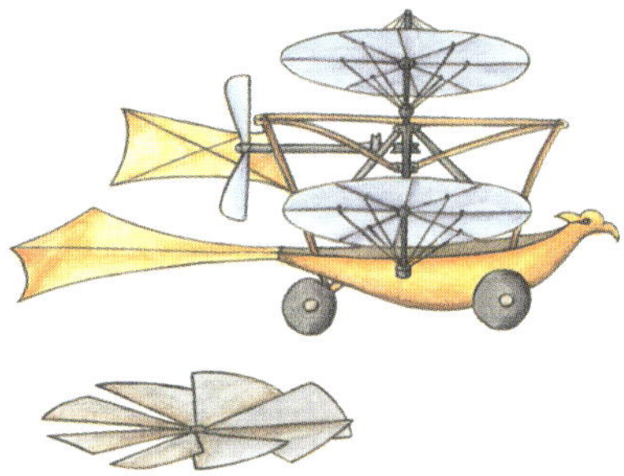

Cayleys Modell eines „Convertiplane“ von 1843

wurden. Durch den gegenläufigen Drehsinn der beiden Luftschrauben stieg der Modellhelikopter so weit nach oben, bis sich der Bogen entspannte.

Bei der Anwendung dieser Methode sind folgende Fragen zu beantworten:

- Wie wird das vorliegende oder ein ähnliches Problem in der Natur gelöst?
- Bei welchen Pflanzen und/oder Tieren können Anregungen für die Lösung des Problems gefunden werden?

Die Untersuchung von Naturvorbildern und die daraus gewonnenen Erkenntnisse bilden die Grundlage für die Lösung des technischen Problems.

## Die gestaltend-erfindende Arbeitsweise

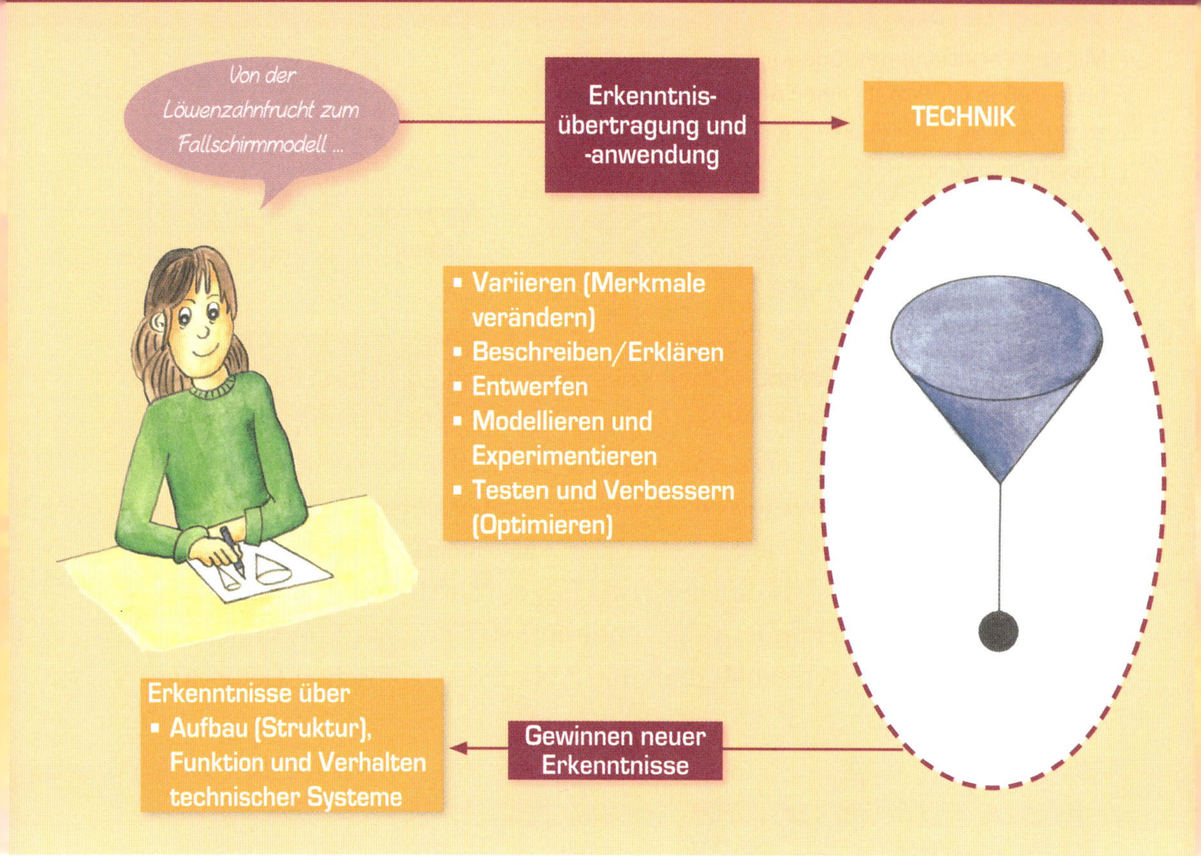


Kehren wir zum Ausgangsziel, der Erfindung von Flugmodellen nach Vorbildern von Flugsamen und -früchten zurück. Im voran gegangenen Abschnitt erfuhren wir, wie Antworten hinsichtlich des Aufbaus und der Funktion erhalten werden. Durch die Analogiebildung wird das Aufbau- und Funktionsprinzip aufgedeckt und dadurch erhält man eine Ausgangslösung, die zur Erfindung neuartiger Flugmodelle nach Naturvorbildern dient. Diese Ausgangslösung wird auch als biologisches Erklärungsmodell bezeichnet.

Die so gewonnene Ausgangslösung kann durch Merkmalsveränderung zu weiteren Lösungen für Flugmodelle führen. Dazu wird nun die konstruierend-erfindende Arbeitsweise angewendet.

Dafür braucht man zunächst die Veränderungsmethode.

## Variations- oder Veränderungsmethode

**Mit der Variationsmethode wird das Ziel verfolgt, bedeutende Merkmale einer Ausgangslösung so zu verändern, dass dadurch eine neue technische Lösung entsteht.**

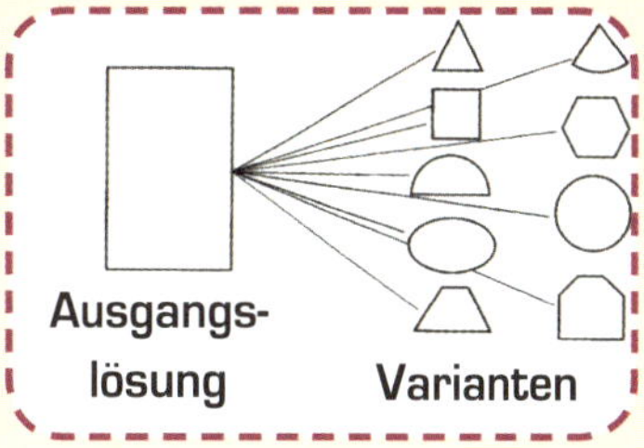


Diese als Variationsmethode bezeichnete Lösungshilfe ist einsetzbar, um verschiedene Lösungsideen vom Naturvorbild abzuleiten. Den so entwickelten Flugmodellen können dann Namen gegeben werden um sie beim Test nicht zu verwechseln. Durch Flugexperimente werden Flugeigenschaften getestet und so die besten Modelle ermittelt. Mit den selbst angefertigten Flugmodellen lassen sich auch die gleichen Flugexperimente wie mit den Naturfliegern durchführen.

Wird nun die forschend-entdeckende mit der gestaltend-erfindenden Arbeitsweise kombiniert, erhält man den Ablauf des bionischen Denk- und Handlungsprozesses.

## Bionischer Denk- und Handlungsprozess

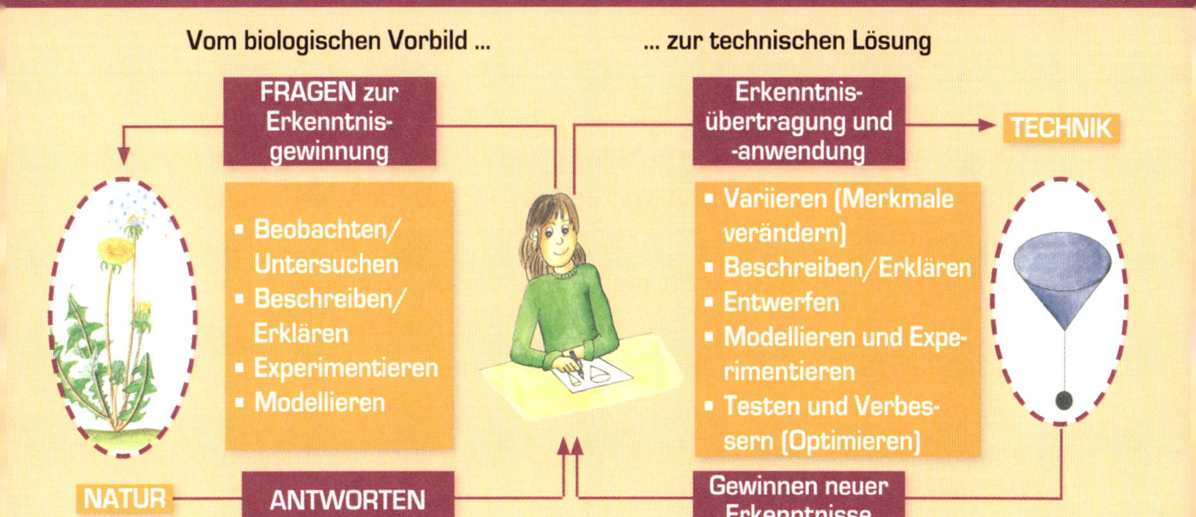

## ERFINDEN VON FALLSCHIRMMODELLEN NACH DEM VORBILD VON SCHIRMFLIEGERN

Nach dem Vorbild der Löwenzahnfrucht wird zunächst ein Ausgangsmodell angefertigt. Als Material dient Kopierpapier, Zwirn und Büroklammer. Dieses Ausgangsmodell kann durch Verändern von Merkmalen des Aufbaus zu weiteren Fallschirmmodellen führen.

Zunächst lässt sich die Schirmgröße verändern.

### Herstellung und Test von Fallschirmmodellen

**Benötigtes Material:**

- Kopierpapier
- Schere
- Klebstoff
- mehrere Büroklammern

### Von der Löwenzahnfrucht zum Fallschirmmodell

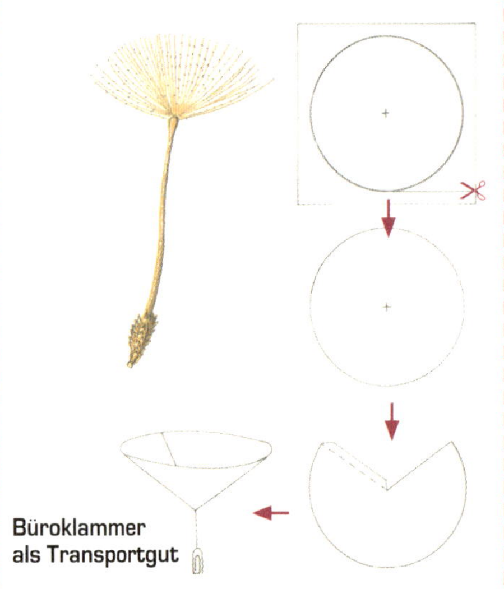


### Lösungsvarianten von Schirmmodellen – Verändern der Schirmgröße

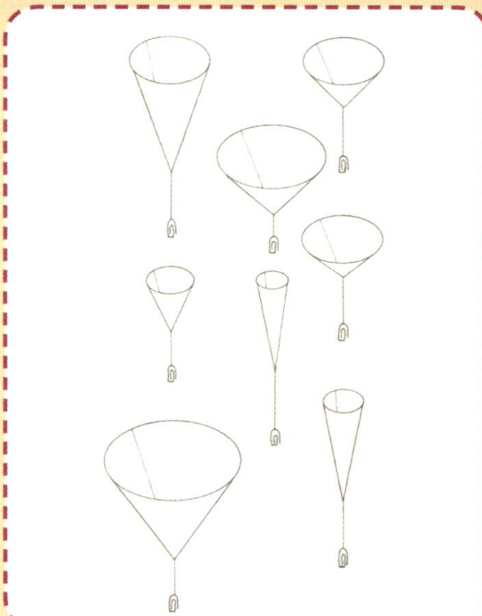

Durch Umkehren des Merkmals Schirmkegel kann man auch Schirmtrichter in verschiedenen Größen erhalten.

Auch die Gestalt des Schirmes muss von der Veränderung nicht aus geschlossen sein.

Es ist auch möglich, in direkter Anlehnung an das Vorbild das Schirmmodell „Löwenzahn“ zu entwickeln.

## Lösungsvarianten von Schirmmodellen-Schirmformen

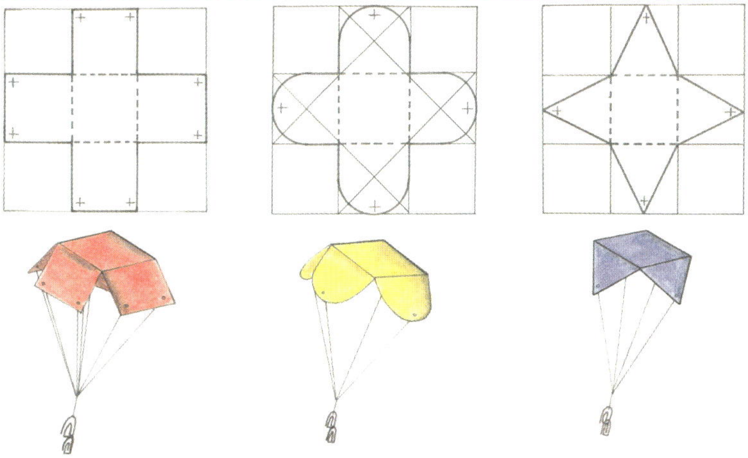

## Lösungsvarianten von Schirmformen-Anzahl der Segmente

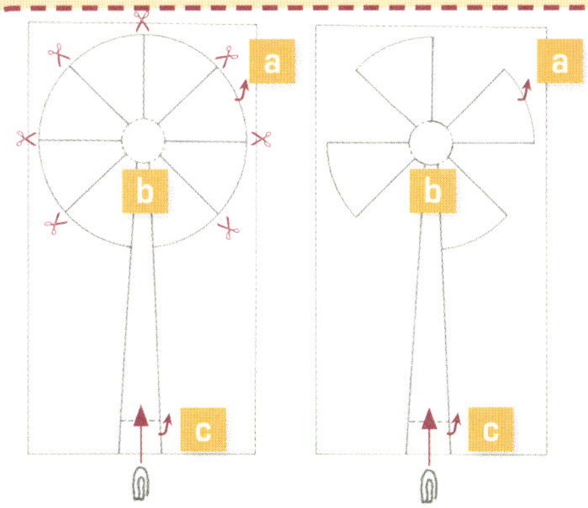


- **a** Segment durch Daumen und Zeigefinger ziehen, dabei nach oben biegen
- **b** Nach hinten falten und bis zum Mittelpunkt des kleinen Kreises kleben
- **c** Büroklammern als Ballast einschieben

**Klebrige Wunderblume als Vorbild für Fallschirmmodell**

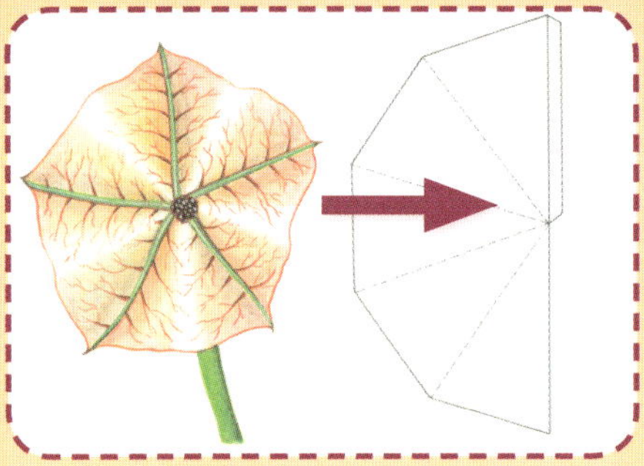

Mit diesem Fallschirmmodell sind Experimente zur Ermittlung der Fallzeit mit unterschiedlicher Streifenanzahl durchführbar.

Die Klebrige Wunderblume besitzt eine Frucht mit verwachsenen Blättern als Flugorgan. Die Hochblätter bilden einen Kelch, der als Fallschirm wirkt. Auch von ihr lässt sich ein Fallschirmmodell ableiten.

Erfinde weitere Fallschirmmodelle durch Verändern von Merkmalen und teste deren Flugeigenschaften! Dazu können auch wieder Wertetabellen und Diagramme zur Ermittlung der Fallzeit in Abhängigkeit vom Schirmdurchmesser und Transportgewicht (Anzahl der Büroklammern erhöhen) angefertigt werden.

## ERFINDEN VON HELIKOPTERMODELLEN NACH DEM VORBILD VON SCHRAUBENFLIEGERN

Durch das Verändern von Merkmalen der Naturvorbilder Schraubenflieger erhält man eine Vielzahl von Helikoptermodellen, die sich in ihren Flugverhalten unterscheiden.

**Von der Anisopterafrucht zum „Helikoptermodell"**

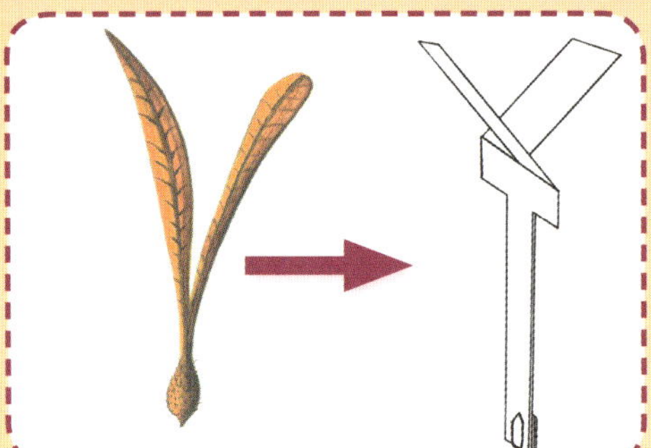

Vom Schraubenflieger des Zweiflügel-Fruchtbaumes (Anisoptera) wurde ein Zweiflügel-Helikoptermodell als Ausgangslösung angefertigt.

Von dieser Ausgangslösung kann zunächst die Anzahl und anschließend die Größe der Flügel verändert werden.

## Helikoptermodell als Zweiblattrotor

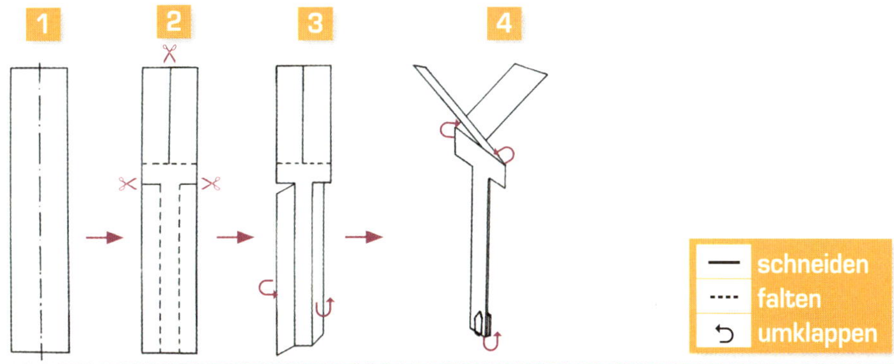


## Dreiflügel-Helikoptermodell

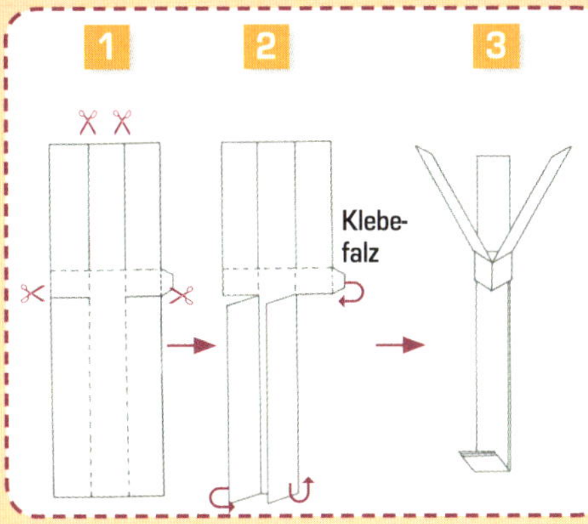


## Vierflügel-Helikoptermodell

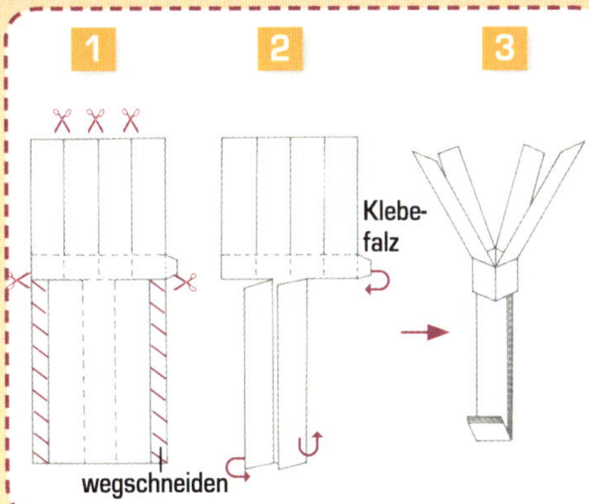


## Veränderung von Form, Anzahl und Größe der Flügel

### Veränderung der Form

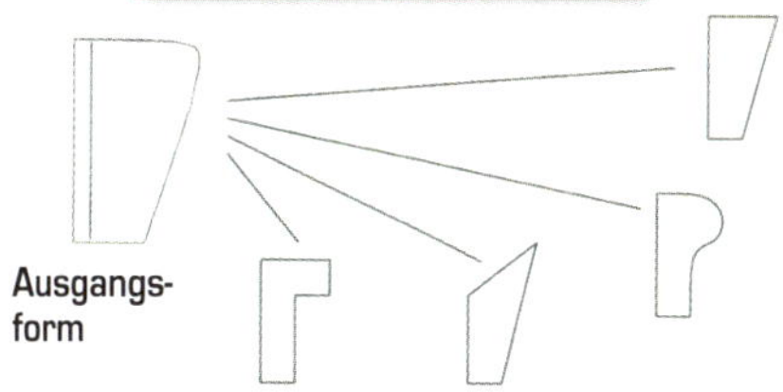


### Veränderung der Anzahl der Flügel

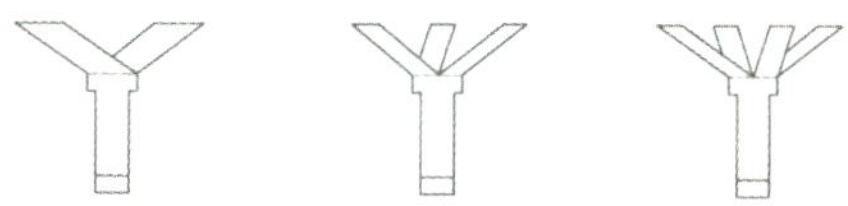

### Veränderung der Größe der Flügel

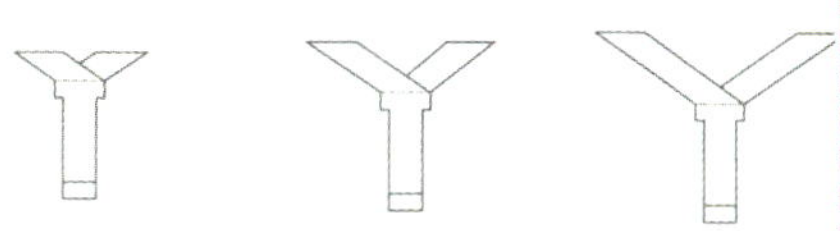

*Finde weitere Helikopter-Modelle durch Veränderung von Merkmalen!*

## Experimentieren mit Helikoptermodellen/Ermittlung von Fallzeiten

**Welches Helikoptermodell bleibt am längsten in der Luft? Wovon ist die Fallzeit abhängig?**

Fallhöhe $h_F$ = konstant (3m)

| Fallzeit t in Sekunden | Variante 1 | Variante 2 | Variante 3 | ...... | Variante n |
|---|---|---|---|---|---|
| 1 | | | | | |
| 2 | | | | | |
| 3 | | | | | |
| 4 | | | | | |
| 5 | | | | | |
| 6 | | | | | |
| 7 | | | | | |
| 8 | | | | | |
| 9 | | | | | |
| 10 | | | | | |
| Summe | | | | | |

Auswertung/Erkenntnis:

Das Naturvorbild Ahornfrucht kann auch direkt als Ausgangslösung für ein Schraubenfliegermodell dienen.

Um die unterschiedlichen Flugeigenschaften zu testen, können Experimente zur Ermittlung der Fallzeiten durchgeführt werden. Dabei ist die Beobachtung der Flugbahnen der angefertigten Modelle von Bedeutung. Für die Durchführung von Experimenten eignet sich ein weites Treppenhaus im ersten Stock. Nacheinander werden die angefertigten Modelle fallen gelassen.

Wettbewerbe mit Schirm- und Schraubenfliegermodellen können viel Spaß bereiten. Wettbewerbssieger sind diejenigen Flugmodellbauer, deren Modelle die längste Fallzeit erreichen.

## Herstellung und Test eines Ahornfruchtmodells

Benötigtes Material:

- Zeichenkarton
- dünner Draht
- Seiden- oder Transparentpapier
- Schere
- Klebstoff
- Styroporkugel und kleine Holzschraube

## Vom Naturvorbild zum Ahornfruchtmodell

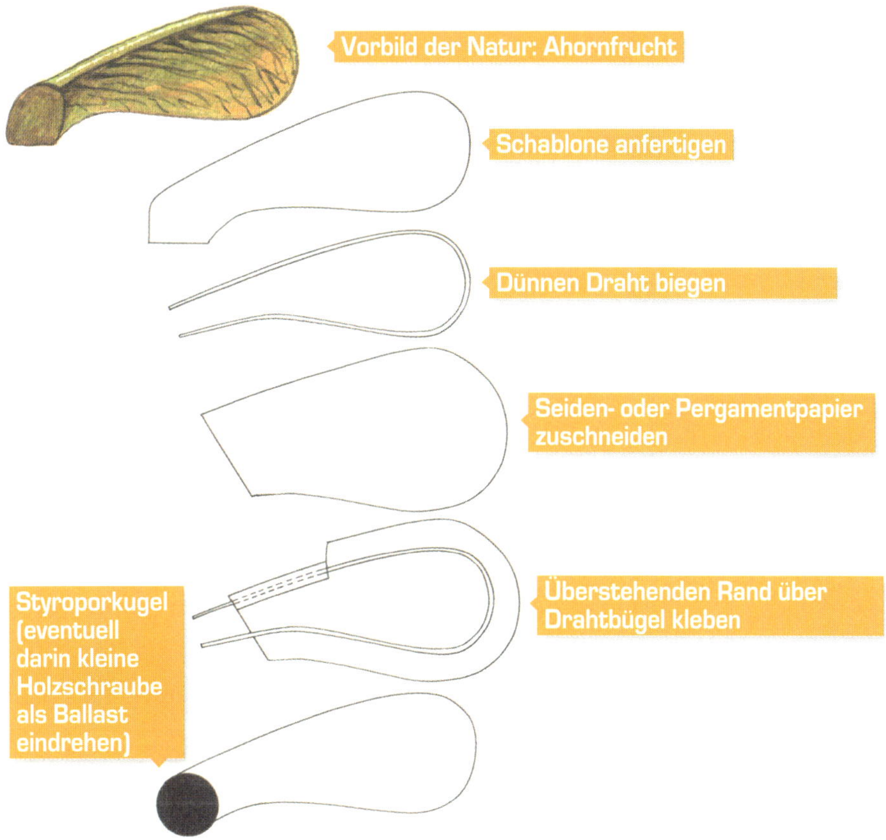

## ERFINDEN VON GLEITFLUGMODELLEN NACH DEM VORBILD VON PFLANZLICHEN GLEITFLIEGERN

Flugversuche mit Papiergleitern erfreuen nach wie vor großer Beliebtheit. Wohl jeder von uns hat schon einmal einen solchen Papiergleiter gefaltet und seinem Flug nachgeschaut. Wenn dann das Modell in einem stabilen Flug dahingleitet, ist die Freude über die gelungene Konstruktion groß. Als Vorbild für einfache Gleitflugmodelle nehmen wir den Zanonia-Samen. Ein solcher Gleiter lässt sich auch nach der folgenden Anleitung anfertigen.

### Herstellung und Test eines Zanonia-Gleitermodells

**Benötigtes Material:**

- Zeichenkarton
- Schere
- Büroklammer

1  DIN-A4-Bogen in der Mitte falten

2  Umrisse des Zanonia-Samens auf gefalteten Bogen übertragen und aussschneiden

3  Gefalteten Bogen auseinanderklappen

4 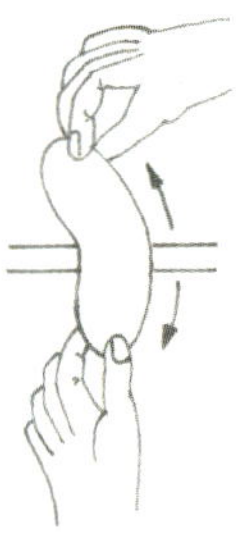 Modell vorsichtig über Tischkante ziehen, damit Wölbung entsteht.

5  Büroklammer als Ballast an der Flügelvorderkante mittig befestigen; anschließend Modell testen

Natürlich kann auch hier der fertige Gleiter als Ausgangslösung für andere Gleitermodelle dienen. Durch Verändern der Flügelform entstehen neue Gleitermodelle, wie der Delta-Gleiter. Durch deren Test wird derjenige Gleiter ermittelt, der die längste Flugstrecke zu absolvieren vermag.

## Herstellung und Test eines Delta-Gleiters

**Benötigtes Material:**

- Sperrholzplatte 150 x 150 mm, 5 mm dick
- dünne Wellpappe 130 x 130 mm und 280 x 250 mm
- 2 Leisten 270 mm lang, ca. 3 x 7 mm im Querschnitt
- Klebeband und Klebstoff
- Rundholz (Buche) 200 mm lang, 12 mm Durchmesser
- Gummiband
- Laubsäge, Bleistift, Zeichenkarton für Schablonen, Kästchenpapier (Raster 10 x 10 mm)
- Schere und Cuttermesser

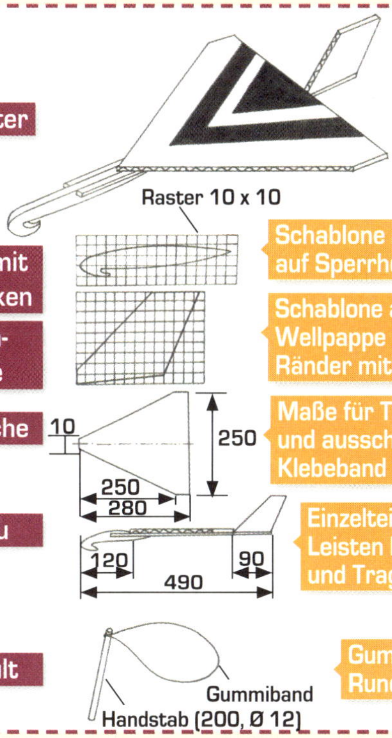


**Deltagleiter**

**Rumpf mit Starthaken:** Schablone aus Zeichenkarton anfertigen und auf Sperrholz übertragen; Rumpfteil aussägen

**Seitenwerke:** Schablone aus Zeichenkarton anfertigen und auf Wellpappe übertragen; Leitwerk ausschneiden; Ränder mit Klebeband verstärken

**Tragfläche:** Maße für Tragfläche auf Wellpappe übertragen und ausschneiden; Ränder ebenfalls mit Klebeband verstärken

**Aufbau:** Einzelteile zusammenkleben; dabei beide Leisten beiderseitig am Rumpf befestigen und Tragfläche auf- und Leitwerk einkleben

**Katapult:** Gummiband fest am Ende des Rundholzes befestigen

Die Erfahrung zeigt, dass Nurflügler als schwanzlose Flugmodelle gute Flugeigenschaften haben. Nach Vorbild des Zanonia-Samens haben die Brüder Horten auch Segelflugzeuge entwickelt und gebaut.

## Herstellung und Test eines einfachen Horten-Segelflugmodells

**Benötigtes Material:**

- Zeichenkarton DIN A4-Bogen
- Büroklammer

### Horten-Segelflugmodell und verschiedene Knickflügelmodelle mit gleichem Grundriss zum Testen

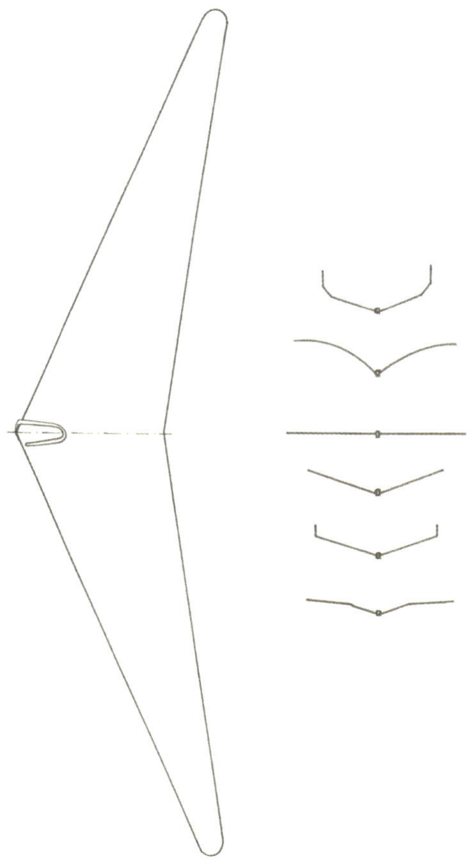

Deren Tragflügel sind sogenannte „Einfach-Trapezflügel". Die Flugeigenschaften dieser Segler hängen ganz wesentlich von der Schwerpunktlage ab. Der Schwerpunkt ist der Massenmittelpunkt des Flugzeuges. Für das Papiermodell ist es notwendig, dort eine kleinere Büroklammer mit Klebeband zu befestigen. Eine weitere Verbesserung der Flugeigenschaften wird mit dem Anformen des S-Schlages erreicht. Hierbei ist, wie schon beschrieben, die vordere Flügelkante leicht nach unten und die hintere nach oben zu knicken. Zur besseren Handhabung des Modells für die Startphase kleben wir in der Mitte der Flügelunterseite den abgebildeten Papierstreifen. Durch Veränderung der Spannweite und Flügeltiefe lassen sich weitere Typen von Nurflüglern herstellen.

Also viel Spaß und Freude am Erfinden weiterer neuer Flugmodellkonstruktionen. Und wenn ein Flugversuch nicht gleich von Erfolg gekrönt ist, gibt man nicht gleich auf. Mit etwas Ausdauer und Geschick lässt sich jeder Fehler beheben.

Die Konstruktion eines Gleitflugmodells kann als gelungen bezeichnet werden, wenn der Gleitflug gleichmäßig und vom Start bis zur Landung in der gleichen Fluglage erfolgt. Dabei soll der Gleiter in einer leicht nach unten geneigten Linie geradeaus fliegen.

Dies wird durch eine genaue Symmetrie des Modells erreicht. Zu diesem Zweck müssen wir prüfen, ob Abweichungen von der zweiseitigen Symmetrie vorhanden sind.

Um das heraus zu finden, wird das Flugmodell von vorn und hinten betrachtet. Mit dem Auge erkennbare Abweichungen von der Symmetrie können jetzt korrigiert werden.

Bei der Erprobung der Gleitflugmodelle treten natürlich auch Instabilitäten beim Flug auf, wie hauptsächlich Kopf- und Schwanzlastigkeit.

Sind die Abweichungen von der idealen Fluglinie gering, kann das Modell „getrimmt" werden. Bei starken Abweichungen von der idealen Fluglinie ist jedoch eine neue Konstruktion notwendig. Unter Trimmen wird das Verändern der Fluglage durch Verteilung des Ballastes sowie die Beeinflussung der Ruderkräfte durch Trimmklappen oder Stabilisatoren verstanden. Beim Modellbau vorkommende Konstruktionsfehler sind:

## Erprobung von Gleitflugmodellen: Papierflieger

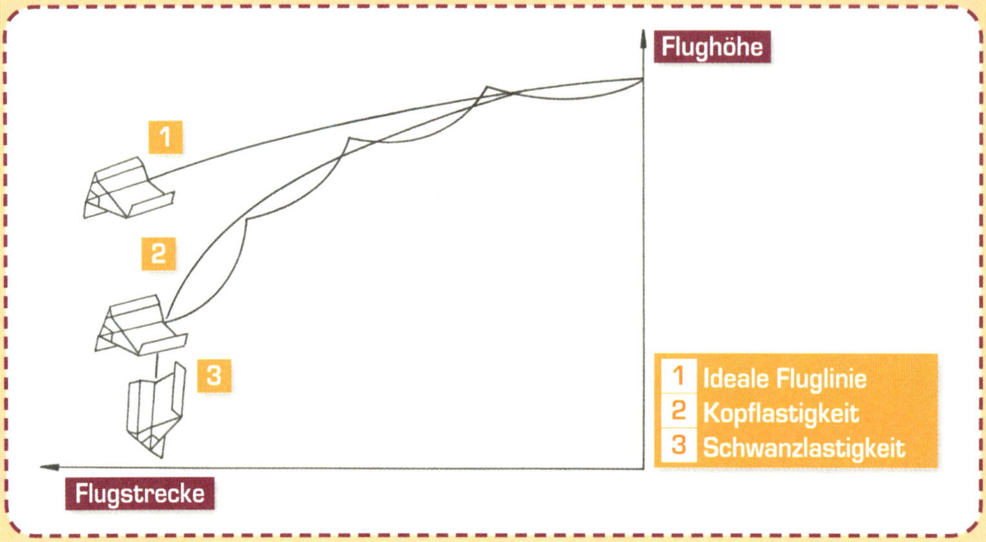


- Kopflastigkeit: Das Gleitflugmodell stürzt über der Nase ab. Fehlerbehebung: durch nach oben biegen der Trimmklappen oder eventuell Beschweren des Hecks.

- Schwanzlastigkeit: Das Gleitflugmodell „pumpt". Fehlerbehebung: durch Anbringen von Trimmklappen an der Flügelhinterkante. Eventuell auch den Bug beschweren (mit Klebestreifen, Büroklammer) oder das Modell verkürzen.

- Trudeln: Das Gleitflugmodell ist asymmetrisch konstruiert. Fehlerbehebung: Symmetrie überprüfen. Ist Asymmetrie festgestellt, kann diese durch Falten und Verbiegen der Tragfläche beseitigt werden. Es ist auch zu überprüfen, ob ein gerader Flug durch unterschiedlich gestellte Heckklappen erreicht werden kann.

Aus Papier und Zeichenkarton lassen sich durch die gezielte Anwendung der Variationsmethode eine Vielzahl von Modellen anfertigen. Der Fantasie sind dabei keine Grenzen gesetzt.

Die Natur zeigt uns viele ihrer interessanten und raffiniert einfachen Varianten zur Windverbreitung von Samen und Früchten. Die biologische Evolution hat diese Lösungsmöglichkeiten für das Überleben dieser Pflanzen geschaffen. Fertige Rezepte und Lösungen für die Flugprobleme des Menschen sind jedoch in der Natur kaum zu finden. Aber was wir entdecken können sind viele übertragbare Anregungen, interessante Entdeckungen und wertvolle Gestaltungsimpulse für die Technik des Fliegens von heute und morgen.

## Schirm- und Schraubenfliegermodelle aus Papier und Zeichenkarton

# Literaturverzeichnis


| | |
|---|---|
| Ahlborn, F. (1847) | Über die Stabilität der Flugapparate. – In: Abhandlungen des Naturwissenschaftlichen Vereins, Bd. 15, Hamburg |
| Arn, W. (2004) | Türme und Windräder. – Rorschach: Kantoner Lehrmittelverlag St. Gallen |
| Dreyer, W. & E. (2000) | Bäume. – Stuttgart: Kosmos Verlag |
| Frankenhäuser, H. (1986) | Früchte, Samen und ihre Verbreitung. – Museumsführer Nr. 12, Mainz: Naturhistorisches Museum |
| Garms, H.( 1992) | Handbuch der Tiere und Pflanzen. – Bindlach: Gondrom Verlag |
| Herb, H. (1979) | Heinrich Focke – ein Pionier der Luftfahrt. – In: Technik heute, Heft 4 |

Herr, H. u. a. (1997) Technische Physik. – Haan-Gruiten: Verlag Europa-Lehrmittel.

Hertel, H. (1963) Struktur, Form, Bewegung. – Mainz: Krauskopf Verlag

Heuer, D. & Chr. (1996) Luft sehen – Papier hören – Wunder der Natur spielerisch entdeckt. – Neuwied, Kriftel und Berlin: Luchterhand Verlag GmbH

Hill, B. (1999) Wir entwickeln Luftschraubermodelle. – In: TU/Zeitschrift für Technik im Unterricht, Heft 11, Villingen-Schwenningen: Neckar Verlag, S. 18–23

Hill, B. (2001) Bionik-Lernen von der Natur für die Technik. – Hildesheim/Berlin: Verlag Franzbecker

Hill, B. (2007) Vom Flugsamen zum Flugmodell. – In: Unterricht Arbeit und Technik, Heft 36, Seelze: Friedrich Verlag Velber GmbH, S. 13–17

Horten, R.; Selinger, P. F. (1996) Nurflügel – Die Geschichte der Horten-Flugzeuge 1933–1960. – Graz: H. Weishaupt Verlag

Klein, S. (2010) Da Vincis Vermächtnis oder Wie Leonardo die Welt neu erfand. – Frankfurt am Main: Fischer Taschenbuch Verlag

Leins, P. (2000) Samenausbreitung – Möglichkeiten und Effizienz. – In: BIONA-report 15, Mainz: Akademie der Wissenschaften und der Literatur, S. 177–185

Nachtigall, W. (2000) Biomechanik-Grundlagen, Beispiele, Übungen. - Braunschweig/Wiesbaden: Verlag F. Viehweg & Sohn

Nachtigall, W. (2006) Ökophysik. - Berlin/Heidelberg: Springer Verlag

Nickel, K.; Wohlfahrt, M. (2000) Schwanzlose Flugzeuge - Ihre Auslegung und ihre Eigenschaften. - Basel, Boston, Berlin: Birkhäuser Verlag

Philipps, R. (1998) Der große Kosmos-Naturführer Bäume. - Stuttgart: Franckh-Kosmos Verlags GmbH

Runge, M.; Lukasch, B. (2005) Erfinderleben - Die Brüder Otto und Gustav Lilienthal. - Berlin: Berlin Verlag

Vaihinger, K. (1991) Die Transportmittel der Früchte des Löwenzahns. - In: Mikrokosmos, Heft 6/1991, S. 365–367

Vogel, K. (2003) Die legendäre „Gotha-Taube“ - Zur Entstehung des Eindeckers LE 2 vor 90 Jahren. - In: Gothaisches Museums-Jahrbuch, Weimar: Hain Verlag, S. 123–129

Walker, J. (1981) Die Aerodynamik von Flugfrüchten. - In: Spektrum der Wissenschaft, Heft 12/81, Heidelberg: Verlagsgesellschaft mbH.

Wissmann, G. (1960) Geschichte der Luftfahrt. - Berlin: Verlag der Technik

# Arbeitsblatt 1: Ahornfrüchte – Schraubenflieger der Natur

Finde heraus, welche Bilder zusammengehören.

- Roter Ahorn
- Spitzahorn
- Feldahorn
- Eschenahorn
- Bergahorn
- Amerikan. Felsenahorn/Zwergahorn

# Arbeitsblatt 2: Aufbau einer Löwenzahnfrucht (I)

**Beschreibe den Aufbau einer Löwenzahnfrucht, indem die unten stehenden Begriffe zugeordnet werden!**

**Begriffe:**
**Frucht, Haarschirm (auch Pappus genannt), Bremshaken und Ankerhäkchen.**

Lösungen Ahornfrüchte – Schraubenflieger der Natur: A 6- Amerikanischer Felsenahorn/Zwergahorn; B 5- Bergahorn; C 4- Eschenahorn; D 1- Roter Ahorn; E 2- Spitzahorn; F 3- Feldahorn

## Arbeitsblatt 3: Aufbau einer Löwenzahnfrucht (II)

### WIR BRAUCHEN:

- Pinzette
- Lupe

### UNTERSUCHEN UND BESCHREIBEN:

Wie viele Schirme befinden sich auf dem Fruchtboden einer Löwenzahnpflanze?

..........................................................................................................

Wie viele Haare hat der Schirm einer Löwenzahnfrucht?

..........................................................................................................

Wie viele Haare haben alle Schirme einer Löwenzahnpflanze?

..........................................................................................................

Finde heraus, warum die Ankerhäkchen der Frucht in Richtung des Schirmes zeigen!

..........................................................................................................

## Arbeitsblatt 4: Die Wirkung der V-Form

### BENÖTIGTES MATERIAL:

- 1 Bogen DIN A 4 Papier
- Schere
- Klebstoff
- 2 Büroklammern

**Das ist die Flugfrucht einer Birke. In der Mitte der Frucht befindet sich das Samenkorn. Die beiden Flügel sind ganz leicht nach oben gebogen. Das sichert den stabilen Flug. Das kann man ausprobieren.**

### HERSTELLUNG DES MODELLGLEITERS

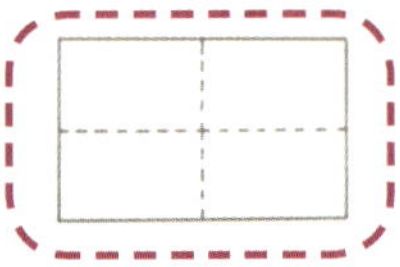

1. DIN A 4 Bogen in der Mitte längs und quer falten.

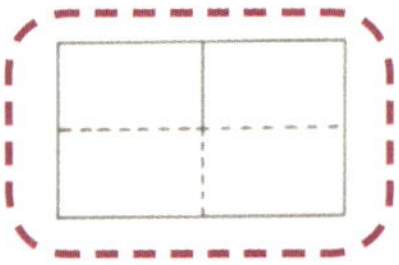

2. Kurze Falte von oben bis zur Mitte einschneiden.

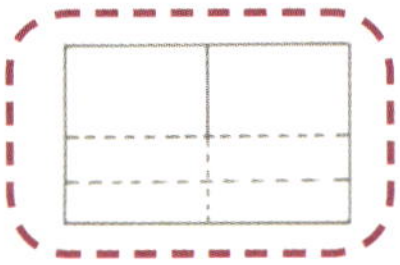

3. Untere Blatthälfte nochmals längs teilen.

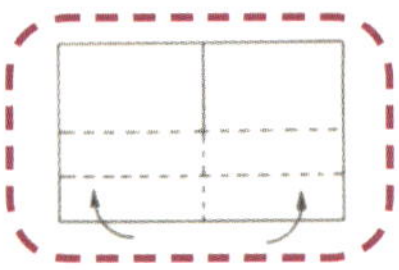

4. Unteren Blattstreifen nach oben falten. Danach nochmals den 2-fach dicken Streifen mittig längs falten und ebenfalls nach oben klappen. Dadurch entsteht ein 4-lagiger Streifen.

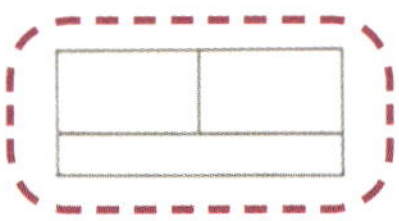

5. Kanten glatt nachziehen.

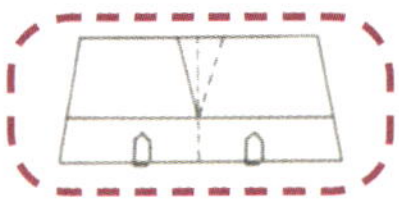

6. Oberen Einschnitt etwa 1 cm übereinander legen und festkleben. Büroklammern vorn befestigen. Modell gleiten lassen und die Flugbahn beschreiben. Danach in der Mitte leicht nach oben knicken (V-Form) und auch hier das Flugverhalten beobachten und die Flugbahn beschreiben!

## Arbeitsblatt 5: Die Luftschraube

**Luftschrauben lassen sich aus Naturmaterialien leicht herstellen. Dabei ist es möglich, Zwei-, Drei-, Vier- und Mehrflügler herzustellen und ihr Flugverhalten zu testen.**

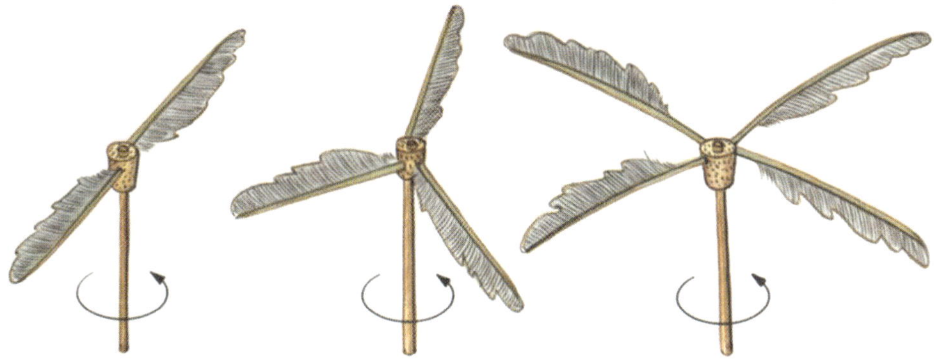

### BENÖTIGTES MATERIAL:

- Diverse Flaschenkorken
- Mehrere Gänse-, Enten-, Tauben- oder Krähenfedern gleicher Größe
- Rundstäbe ca. 30 cm lang
- Vorstecher
- Nagelbohrer im Durchmesser der Rundstäbe
- Klebstoff

### HERSTELLUNGSHINWEISE

- Rundstäbe in Bohrlöcher der Korken einkleben.
- Federn in gleichmäßigem Abstand (180°, 120° und 90° voneinander) an den Korken befestigen und leicht verdreht (Anstellwinkel) einkleben.

**Das Flugverhalten der Luftschrauber nacheinander testen und beschreiben !**

## Arbeitsblatt 6: Helikoptermodelle

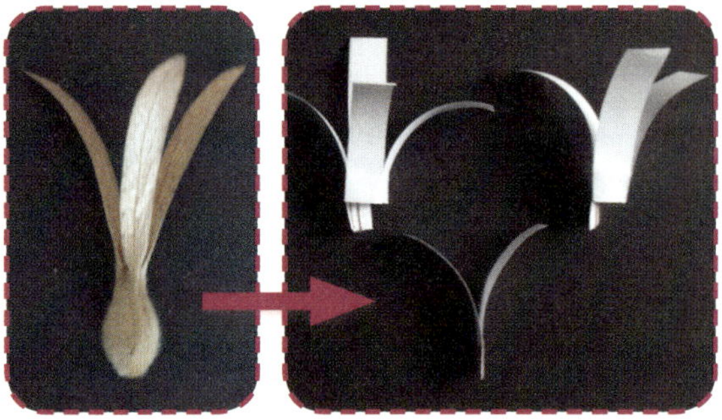

Das ist die Dreiflügelfrucht (Triplaris). Das Samenkorn befindet sich unterhalb der Verbreitungsorgane. Daher rotiert die Frucht langsam zu Boden. Durch das Anfertigen von Modellen dieses Schraubenfliegers kann das Flugverhalten ausprobiert werden.

### BENÖTIGTES MATERIAL:

- Zeichenkarton DIN A4
- Diverse Büroklammern
- Klebstoff
- Schere

### HERSTELLUNG DER HELIKOPTERMODELLE:

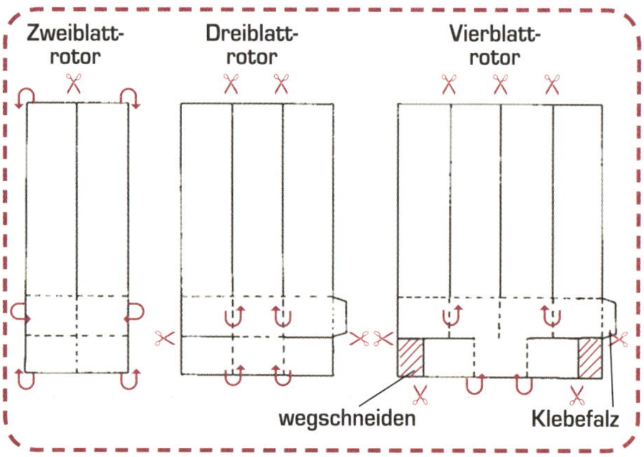


1. Drei Vorlagen auf Zeichenkarton DIN A4 entsprechend vergrößern und ausdrucken.
2. Teile ausschneiden, falten und kleben.
3. Flügel durch Daumen und Zeigefinger ziehen, sodass nach außen gebogenes Profil entsteht.
4. Büroklammer in unteren Steg als Ballast einschieben. Anschließend Flugverhalten testen und auswerten.
5. Test mit 2 und 3 Büroklammern fortführen und auswerten.

# Register

Fett markiert sind die Seiten mit Begriffserläuterungen.